幼儿园工作流程图解

（第二版）

主　编　张　欣
副主编　张惠芝　孔　洁　叶　婷
编　者　王燕华　桂新华　丁　楠　吕冰瑶　牛　倩
　　　　李佩芬　钱春芳　范　嘉　闫述宁　秦　峰
　　　　朱天涛　解永霞　钱海峰　马晓萍　林　捷
　　　　曾晓玉　叶蔚莉

Youeryuan
Gongzuo Liucheng Tujie

复旦大学出版社

前　言

　　"科学、高效"是幼儿园管理的重要原则，其强调在工作中不仅要"做正确的事"，更清楚"如何正确地做事"，而流程化管理正符合此原则，它不仅能规范幼儿园良好运行，培养教职工按章办事的良好习惯，更能推进幼儿园保育教育、行政、后勤等各项工作的有序开展。

　　流程管理思想最早可以追溯到泰勒的科学管理时期，经过近百年的演进，已渐趋成熟并被广泛应用于企业管理之中。优化幼儿园工作流程管理是规范幼儿园教育的重要手段，也是对幼儿园进行科学管理的必然要求。遗憾的是，长期以来，由于缺乏梳理和总结，市面上关于幼儿园流程管理的书籍并不多见，尽管不少幼儿园已经有了流程管理的意识，也往往只是局限在幼儿园保育工作层面。

　　银川市第一幼儿园作为一所历史悠久的自治区级示范园，有着丰富的文化底蕴，在多年改革发展中取得了丰硕的成果。在张欣园长的带领下，先后出版了多部学前教育类书籍，为幼儿园管理者和教师，以及学前教育专业的大中专院校学生提供了学习的范本。近年来，在集团化办园的趋势下，银川一幼发展迅速，每年都有新入职的教职工，各部门岗位变动较为频繁，无论是教师还是管理者，由于对某项工作流程不熟悉而导致工作效率低下的情况。因此，迫切需要通过科学、规范的流程管理模式来改变现状。在"制度管人、流程管事"的前提下，张欣园长引领银川一幼人经过十年的不断探索，借鉴国内外办园的先进经验，结合本园的工作实际，总结梳理出适合幼儿园工作的流程管理模式，即本书《幼儿园工作流程图解》。

　　本书立足于幼儿园的工作实际，以流程图解的形式简明扼要地展示了幼儿园管理中最核心的内容，希望能为广大幼儿园管理者和教师提供参考和借鉴。具体特点如下。

　　1. 涵盖面广。本书围绕幼儿园人、财、物管理的方方面面，形成了包括园长、副园长在内的岗位职责，党费收缴、工伤速报及鉴定、家长进课堂等专项工作共百余个流程。内容十分全面，可以满足大部分幼儿园的实际需求。

2. 实用性强。本书呈现的工作流程均由一线管理者及工作人员依据实际工作提炼而成，过程细致翔实，可以帮助幼儿园管理者建立较为系统的组织体系，为相关工作人员提供履职的范本，具有较高的可操作性和拓展性。

3. 科学性高。本书提供的工作流程不仅可以解决个别岗位离开专人便无法运转的问题，降低人员更替和岗位变动的成本，更能让幼儿园管理者及相关工作人员减少重复劳动、消极等待和返工的几率，帮助管理者缩短处理日常事务的时间，以便将更多的精力放在幼儿园的长远发展上。

本次修订主要做了以下工作：对全书内容从体例上作了较大调整，以模块化形式作了分类，全书分为八大模块；突出了幼儿园特有且十分重要的工作流程，单独设立模块，如幼儿园保育教育工作流程、幼儿园膳食工作流程、幼儿园安全工作流程等；对具体工作流程的子项目作了补充或修正，以适应新的要求。

本书由银川市第一幼儿园张欣担任主编，由银川市第一幼儿园张惠芝、孔洁、叶婷担任副主编。主要编写人员及分工如下：幼儿园岗位职责（解永霞）；幼儿园党务工作流程（叶婷、丁楠）；幼儿园行政工作流程（孔洁、赵晓玲、叶婷、马晓萍）；幼儿园保育教育工作流程（牛倩、李佩芬、钱春芳、范嘉、朱天涛）；幼儿园膳食工作流程（桂新华、王燕华、吕冰瑶）；幼儿园安全工作流程（张惠芝、孔洁）；幼儿园财务工作流程（秦峰、叶蔚莉）；幼儿园电教工作流程（闫述宁）。郭莉萍负责整体格式调整及修改，张惠芝、孔洁、叶婷负责整体审核，最后由张欣统稿、定稿。此外我们还得到了很多同行、朋友的帮助，感谢所有参编同志在本书编写过程中付出的艰辛劳动，感谢银川市第一幼儿园这个"团结、拼搏、和谐、创新"的团队，同时感谢复旦大学出版社提供的平台、支持与指导。

我们在编写本书时，力图运用辩证唯物主义和历史唯物主义的观点，结合幼儿园工作实际，来阐述对幼儿园流程化管理的思考，使其成为一个比较完整的体系。编写中反复讨论，几易其稿。但因编者水平有限，书中存在不足与疏漏，恳请广大读者理解、见谅，并提出宝贵意见。

目录
Contents

模块二　幼儿园党务工作流程

模块三　幼儿园行政工作流程

模块四　幼儿园保育教育工作流程

模块五 幼儿园膳食工作流程

模块六　幼儿园安全工作流程

模块七　幼儿园财务工作流程

模块八　幼儿园电教工作流程

模块一

幼儿园岗位职责

1. 书记、园长岗位职责

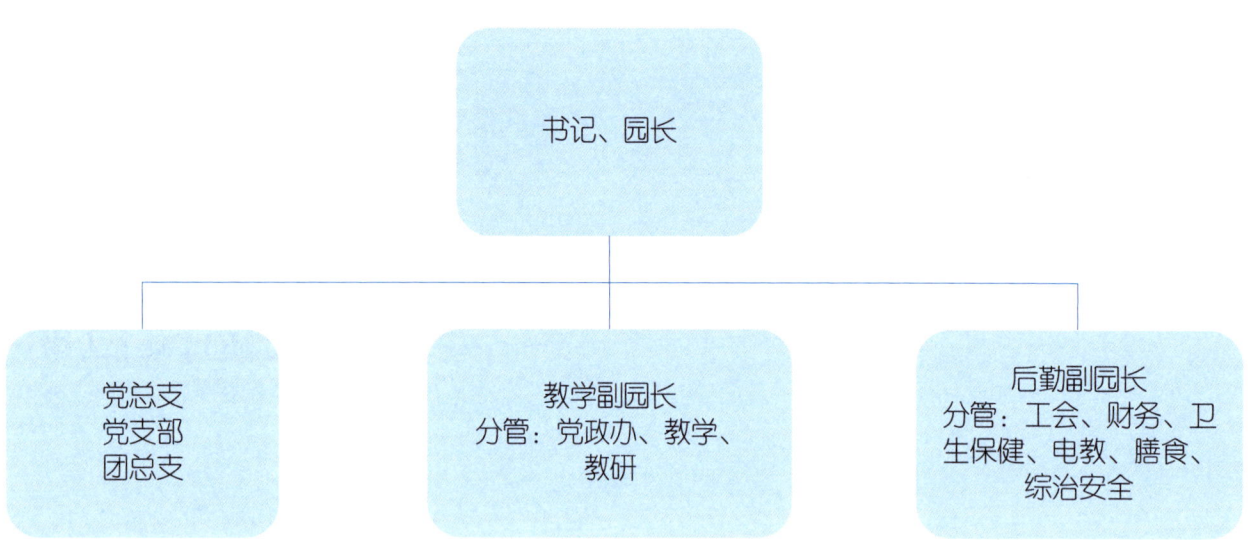

书记、园长

党总支
党支部
团总支

教学副园长
分管：党政办、教学、教研

后勤副园长
分管：工会、财务、卫生保健、电教、膳食、综治安全

2. 教学副园长岗位职责

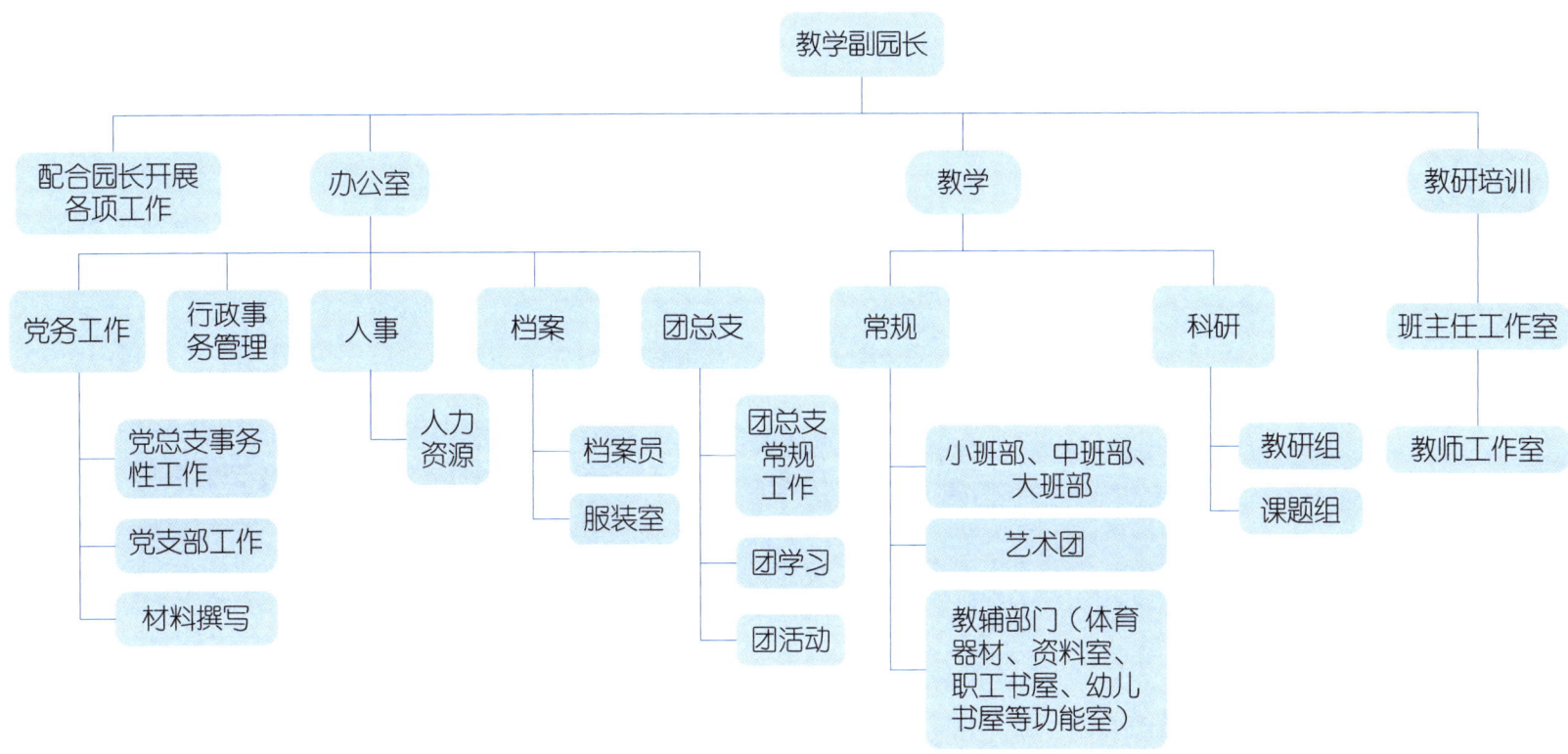

3. 后勤副园长岗位职责

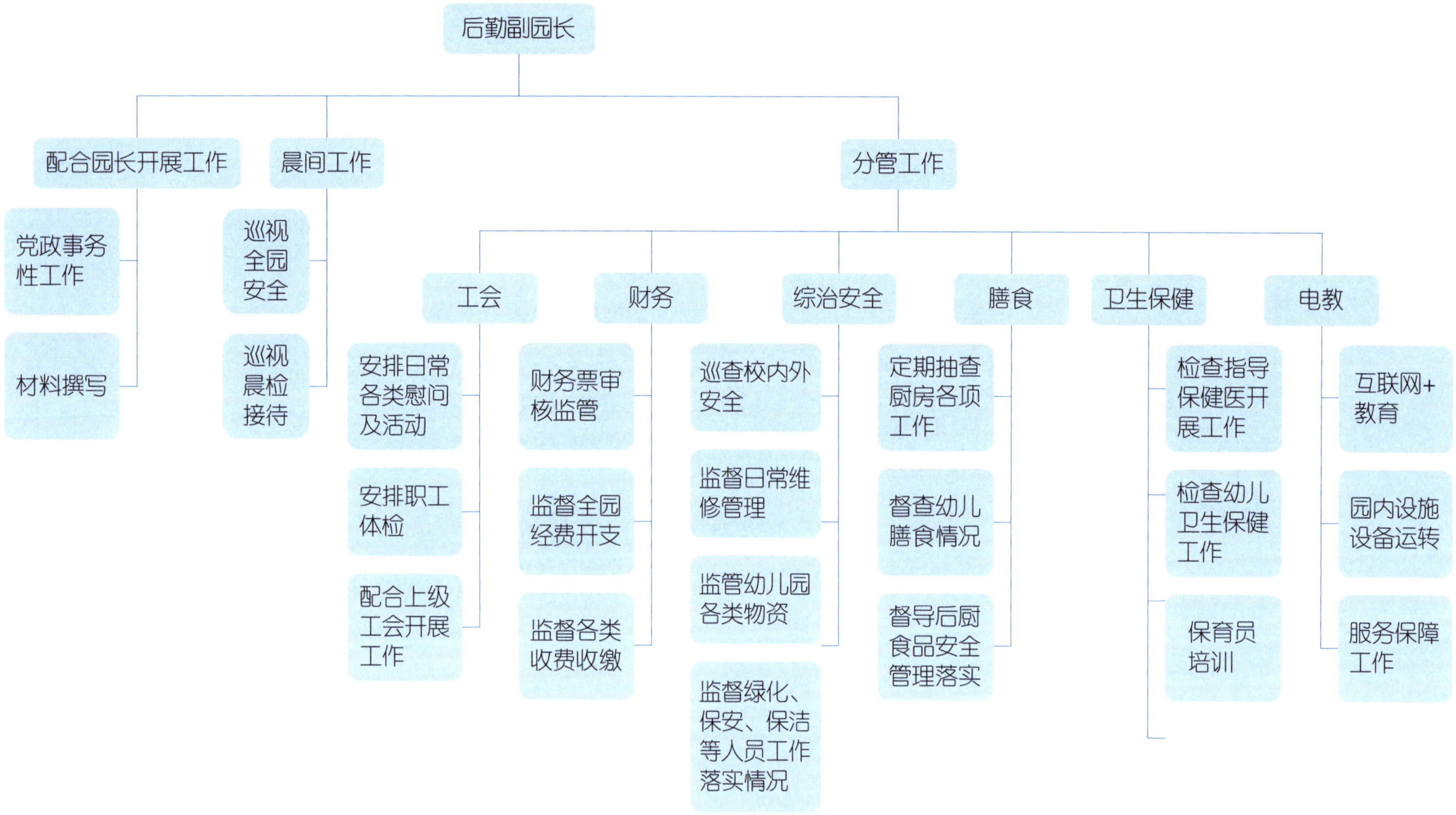

后勤副园长

配合园长开展工作

晨间工作

分管工作

党政事务性工作

材料撰写

巡视全园安全

巡视晨检接待

工会

财务

综治安全

膳食

卫生保健

电教

安排日常各类慰问及活动

安排职工体检

配合上级工会开展工作

财务票审核监管

监督全园经费开支

监督各类收费收缴

巡查校内外安全

监督日常维修管理

监管幼儿园各类物资

监督绿化、保安、保洁等人员工作落实情况

定期抽查厨房各项工作

督查幼儿膳食情况

督导后厨食品安全管理落实

检查指导保健医开展工作

检查幼儿卫生保健工作

保育员培训

互联网+教育

园内设施设备运转

服务保障工作

4. 办公室主任岗位职责

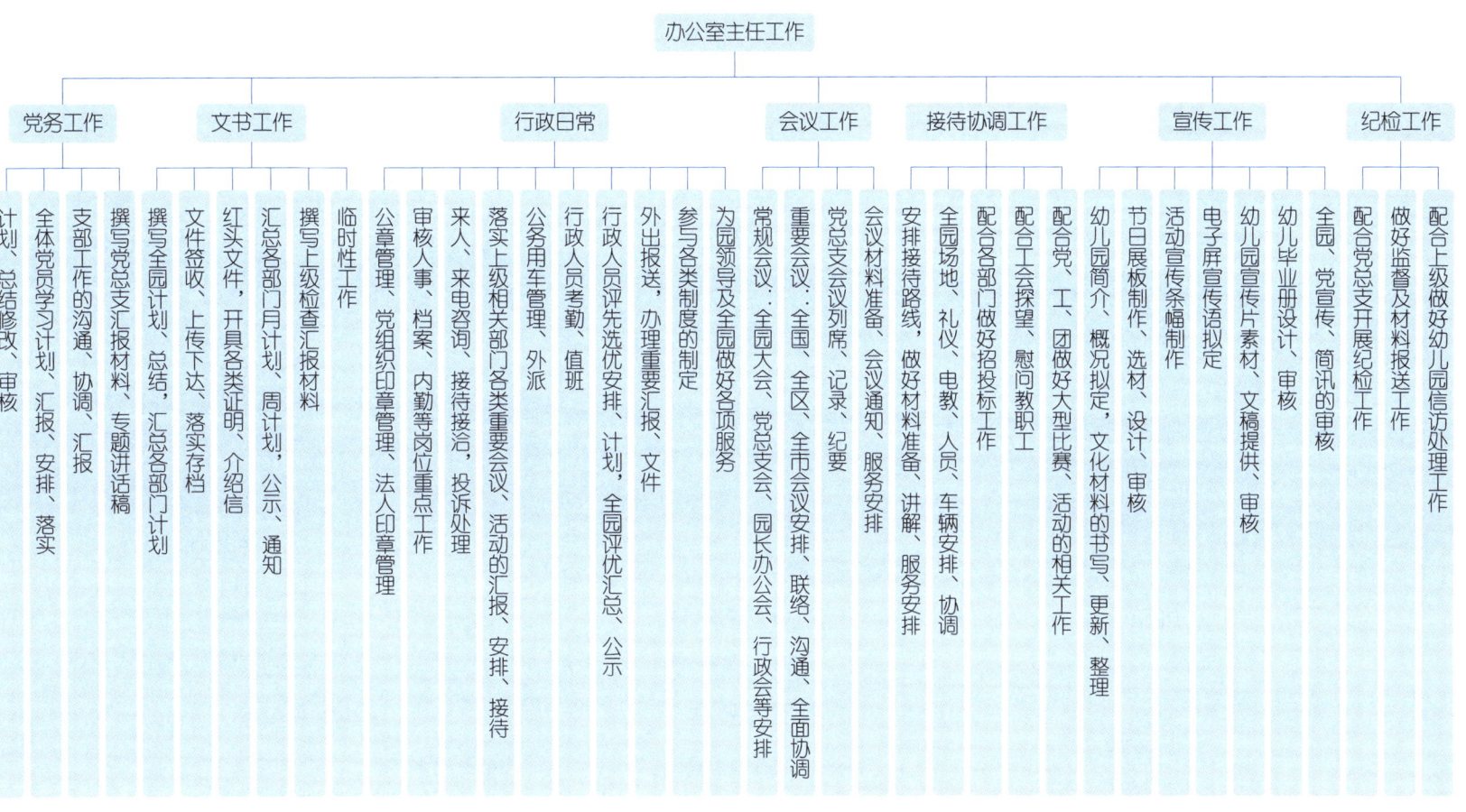

办公室主任工作

党务工作
- 计划、总结修改、审核
- 全体党员学习计划、汇报、安排、落实
- 支部工作的沟通、协调、汇报
- 撰写党总支汇报材料、专题讲话稿

文书工作
- 撰写全园计划、总结，汇总各部门计划
- 文件签收、上传下达、落实存档
- 红头文件，开具各类证明、介绍信
- 汇总各部门月计划、周计划，公示、通知
- 撰写上级检查汇报材料
- 临时性工作

行政日常
- 公章管理、党组织印章管理、法人印章管理
- 审核人事、档案、内勤等岗位重点工作
- 来人、来电咨询、接待接洽，投诉处理
- 公务用车管理、外派
- 行政人员考勤、值班
- 行政人员评先选优安排、计划，全园评优汇总、公示
- 外出报送，办理重要汇报、文件
- 参与各类制度的制定
- 为园领导及全园做好各项服务
- 落实上级相关部门各类重要会议、活动的汇报、安排、接待

会议工作
- 常规会议：全园大会、党总支会、园长办公会、行政会等安排
- 重要会议：全国、全区、全市会议安排、联络、沟通、全面协调
- 党总支会议列席、记录、纪要
- 会议材料准备、会议通知、服务安排

接待协调工作
- 安排接待路线，做好材料准备、讲解、服务安排
- 全园场地、礼仪、电教、人员、车辆安排、协调
- 配合各部门做好招标投标工作
- 配合工会探望、慰问教职工
- 配合党、工、团做好大型比赛、活动的相关工作

宣传工作
- 幼儿园简介、概况拟定、文化材料的书写、更新、整理
- 节日展板制作、选材、设计、审核
- 活动宣传条幅制作
- 电子屏宣传语拟定
- 幼儿园宣传片素材、文稿提供、审核
- 幼儿毕业册设计、审核
- 全园、党宣传、简讯的审核

纪检工作
- 配合党总支开展纪检工作
- 做好监督及材料报送工作
- 配合上级做好幼儿园信访处理工作

5

5. 保教主任岗位职责

保教主任

保教活动

常规活动
- 班级故事会
- 童话剧
- 小剧场
- 图书漂流
- ……

主题活动
- 感恩月
- 阅读月
- 阳光体育月
- 爱祖国，爱家乡月
- 文化艺术月
- ……

延伸活动
- 春游
- 秋游
- 社会实践
- ……

教师管理

日常
- 师德师风
- 考勤考核
- 保育常规
- 仪容仪表
- 教师档案

教育教学
- 班级常规
- 进班听课
- 功能室管理
- 工作室管理

家长工作

家委会
- 班级家委会
- 年级家委会
- 园级家委会

家长学校

线上培训
- 直播讲座
- 微课堂
- ……

线下培训
- 幼小衔接
- 隔代教育
- 幼儿阅读
- 习惯养成
- ……

个别约谈

家长志愿者
- 家长进课堂
- 大型活动服务
- 社会实践活动组织

其他工作
- 绩效考核
- 上传下达
- 部门间协调
- 档案整理
- 教育用品采购

6

6. 教研主任岗位职责

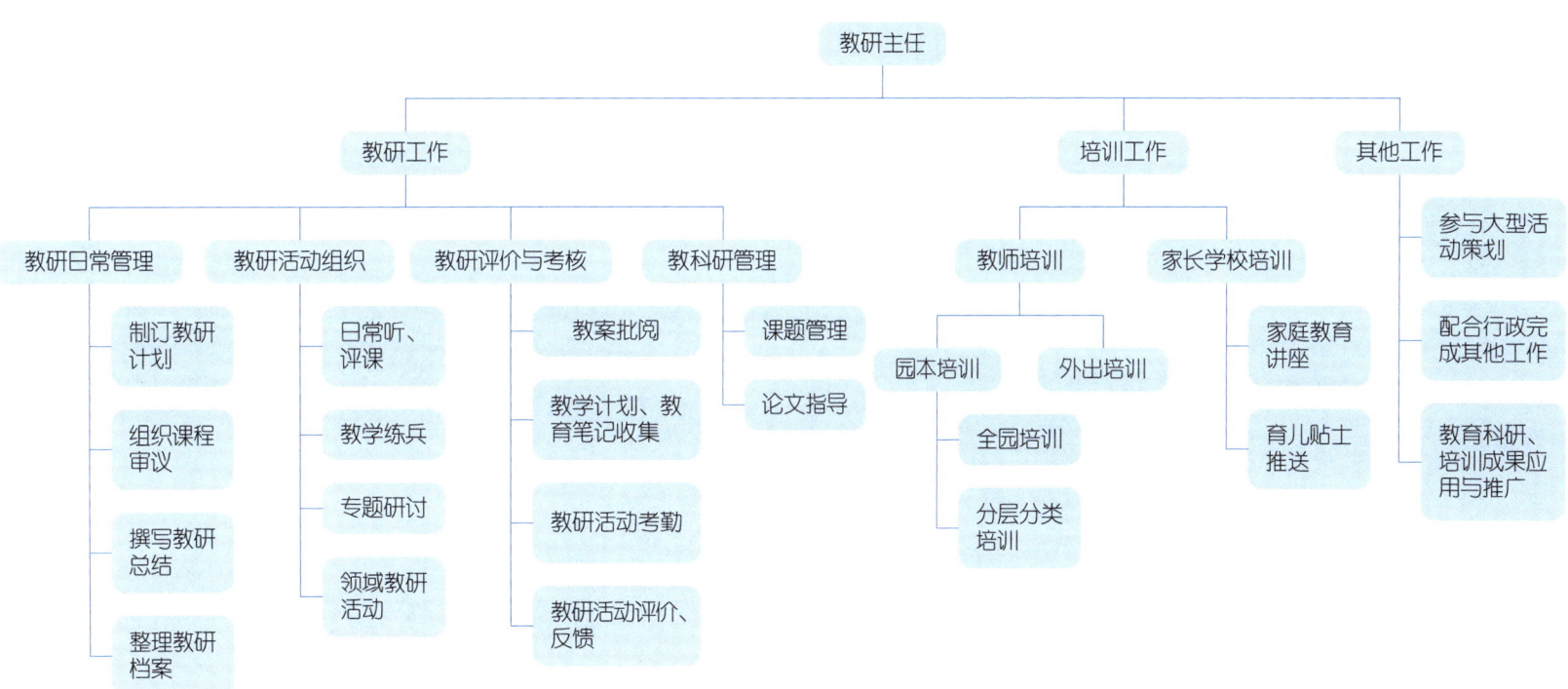

教研主任

教研工作

培训工作

其他工作

教研日常管理　教研活动组织　教研评价与考核　教科研管理

教师培训　家长学校培训

参与大型活动策划

制订教研计划

日常听、评课

教案批阅

课题管理

园本培训　外出培训

家庭教育讲座

配合行政完成其他工作

组织课程审议

教学练兵

教学计划、教育笔记收集

论文指导

全园培训

育儿贴士推送

教育科研、培训成果应用与推广

撰写教研总结

专题研讨

教研活动考勤

分层分类培训

整理教研档案

领域教研活动

教研活动评价、反馈

7

7. 后勤主任岗位职责

后勤主任

综治安全主管

安全工作
- 安全教育及培训
- 落实校舍安全、消防安全、交通安全、校园周边环境治理等各项安全工作
- 各类安全应急预案及演练
- 保安员管理与培训
- 落实上级主管部门各项安全任务

绿化工作
- 绿化方案制订与实施
- 绿植移栽修剪、病虫害防治及养护

卫生保洁
- 监督跟进日常卫生保洁工作
- 会议场地服务工作
- 日常维修工作

维修改造
- 零星改造项目监督及大中型维修改造项目报批

膳食主管

账务工作
- 审核采购计划：幼儿及职工伙食账务明细记录、汇总及报销
- 出入库账务核对、存档
- 水、电、气等开支账务工作
- 核算幼儿膳食平衡表

膳食工作
- 根据幼儿食谱制订采购计划、规范管理食材配送、出入库登记及索证索票
- 幼儿膳食质量与营养评估测算
- 后厨安全、卫生、学习、培训监督指导
- 成立家长膳食委员会，开展食育及「美食节」活动、落实陪餐制度

文案及其他工作
- 后厨人员招录、信息存档及工资、绩效考核工作
- 后厨各类资料收集、分类、存档及管理
- 配合做好食材招标及合同签订工作
- 食谱制订、园所膳食推送及明厨亮灶、智慧食安信息上报工作
- 配合教育局、市场监管局等相关部门检查工作

其他工作
- 配合开展园内维修改造招标、施工监督、文档完善等工作
- 制订后勤部门工作计划，并撰写工作总结
- 各类督查、检查、汇报材料撰写及迎检工作

8．电教主任岗位职责

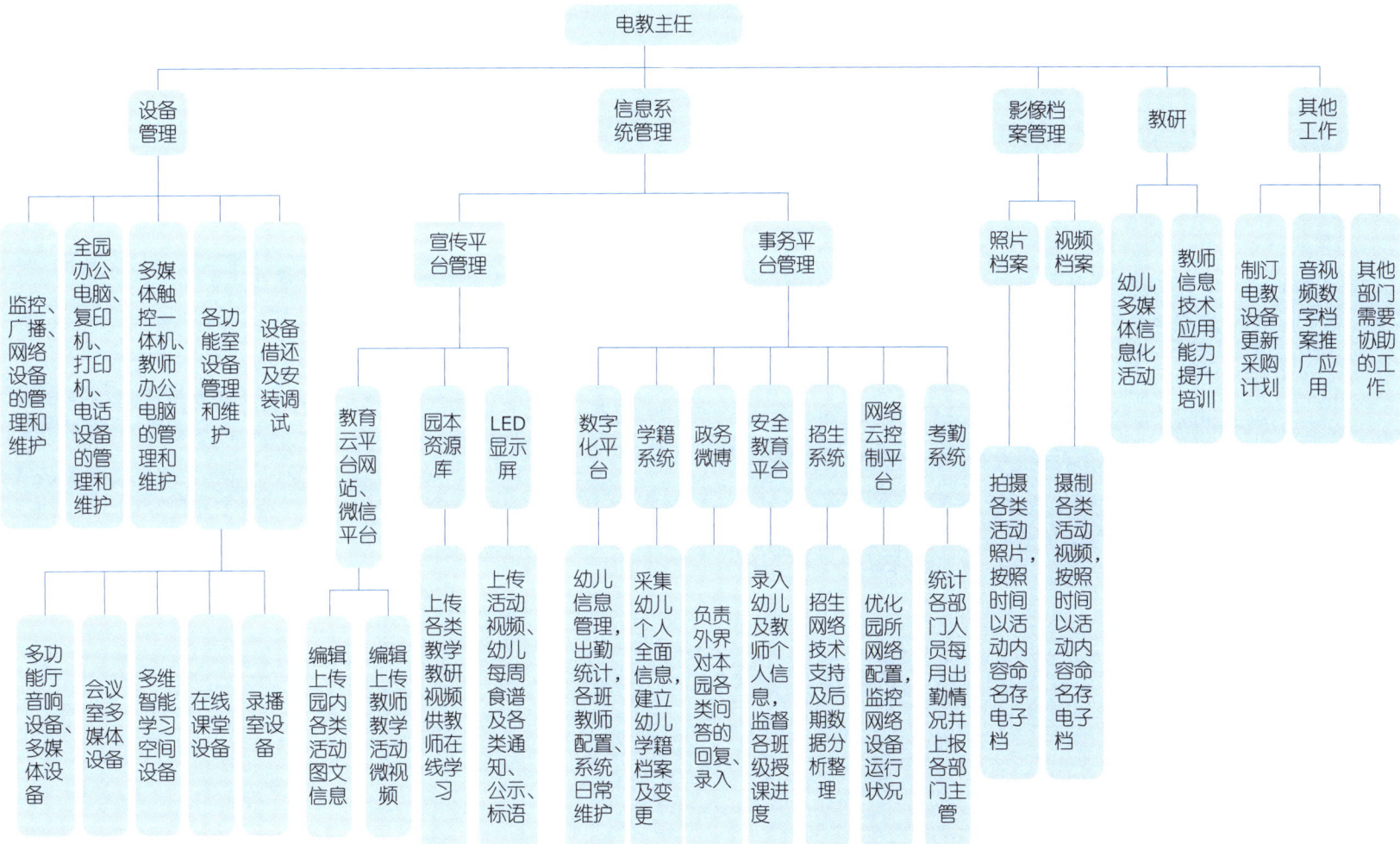

电教主任

设备管理
- 监控、广播、网络设备的管理和维护
- 全园办公电脑、复印机、打印机、电话设备的管理和维护
- 多媒体触控一体机、教师办公电脑的管理和维护
- 各功能室设备管理和维护
  - 多功能厅音响设备、多媒体设备
  - 会议室多媒体设备
  - 多维智能学习空间设备
  - 在线课堂设备
  - 录播室设备
- 设备借还及安装调试

信息系统管理
- 宣传平台管理
  - 教育云平台网站、微信平台
    - 编辑上传园内各类活动图文信息
    - 编辑上传教师教学活动微视频
  - 园本资源库
    - 上传各类教学教研视频供教师在线学习
  - LED显示屏
    - 上传活动视频、幼儿每周食谱及各类通知、公示、标语
- 事务平台管理
  - 数字化平台
    - 幼儿信息管理，出勤统计，各班教师配置，系统日常维护
  - 学籍系统
    - 采集幼儿个人全面信息，建立幼儿学籍档案及变更
  - 政务微博
    - 负责外界对本园各类问答的复入回录入
  - 安全教育平台
    - 录入幼儿及教师个人信息，监督各班级授课进度
  - 招生系统
    - 招生网络技术支持及后期数据分析整理
  - 网络云控制平台
    - 优化园所网络配置，监控网络设备运行状况
  - 考勤系统
    - 统计各部门人员每月出勤情况并上报各部门主管

影像档案管理
- 照片档案
  - 拍摄各类活动照片，按照时间以活动内容命名存电子档
- 视频档案
  - 摄制各类活动视频，按照时间以活动内容命名存电子档

教研
- 幼儿多媒体信息化活动
- 教师信息技术应用能力提升培训

其他工作
- 制订电教设备更新采购计划
- 音视频数字档案推广应用
- 其他部门需要协助的工作

9. 财务主任岗位职责

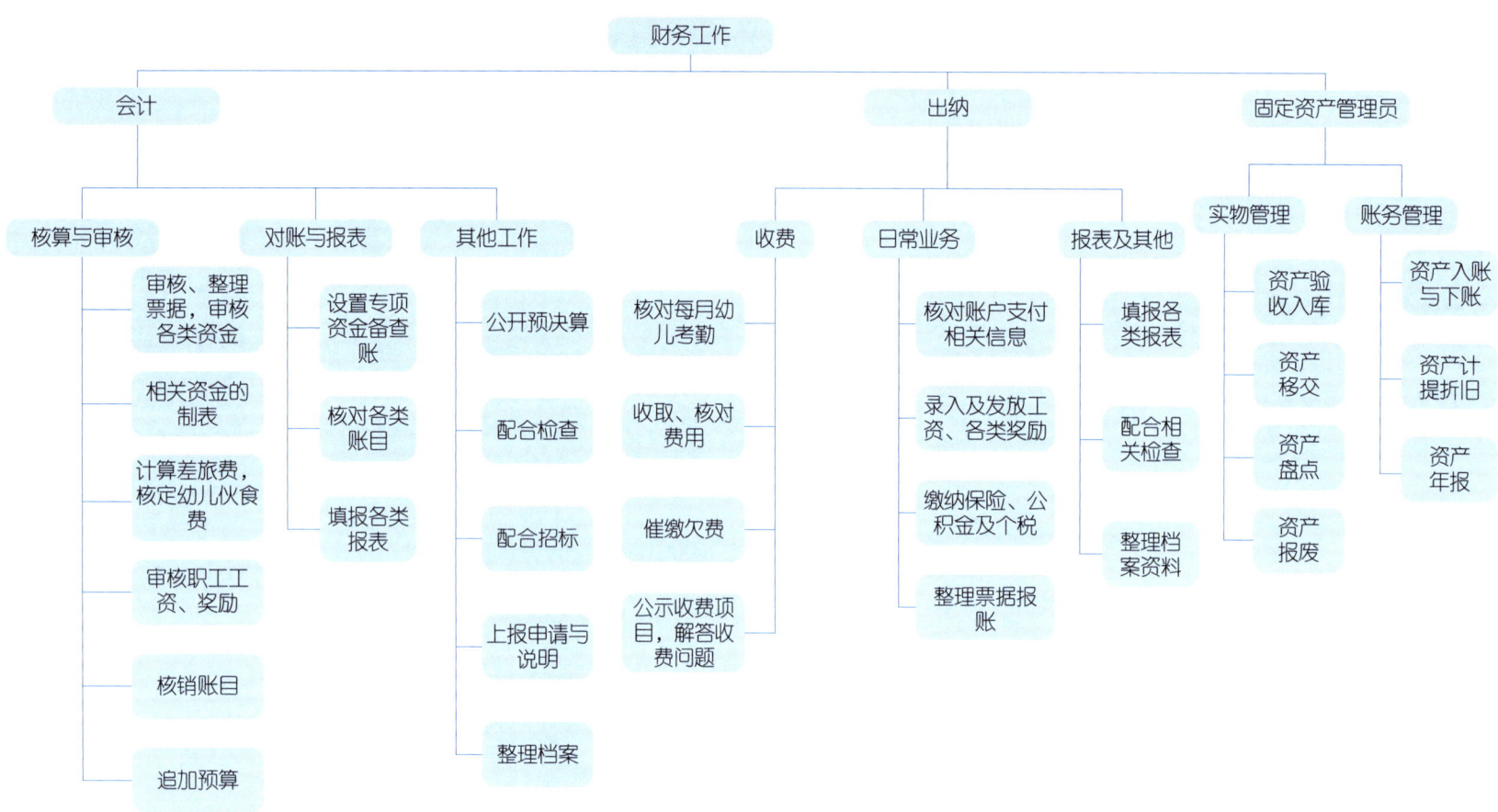

财务工作

会计
- 核算与审核
  - 审核、整理票据，审核各类资金
  - 相关资金的制表
  - 计算差旅费，核定幼儿伙食费
  - 审核职工工资、奖励
  - 核销账目
  - 追加预算
- 对账与报表
  - 设置专项资金备查账
  - 核对各类账目
  - 填报各类报表
- 其他工作
  - 公开预决算
  - 配合检查
  - 配合招标
  - 上报申请与说明
  - 整理档案

出纳
- 收费
  - 核对每月幼儿考勤
  - 收取、核对费用
  - 催缴欠费
  - 公示收费项目，解答收费问题
- 日常业务
  - 核对账户支付相关信息
  - 录入及发放工资、各类奖励
  - 缴纳保险、公积金及个税
  - 整理票据报账
- 报表及其他
  - 填报各类报表
  - 配合相关检查
  - 整理档案资料

固定资产管理员
- 实物管理
  - 资产验收入库
  - 资产移交
  - 资产盘点
  - 资产报废
- 账务管理
  - 资产入账与下账
  - 资产计提折旧
  - 资产年报

10. 办公室人事干事岗位职责

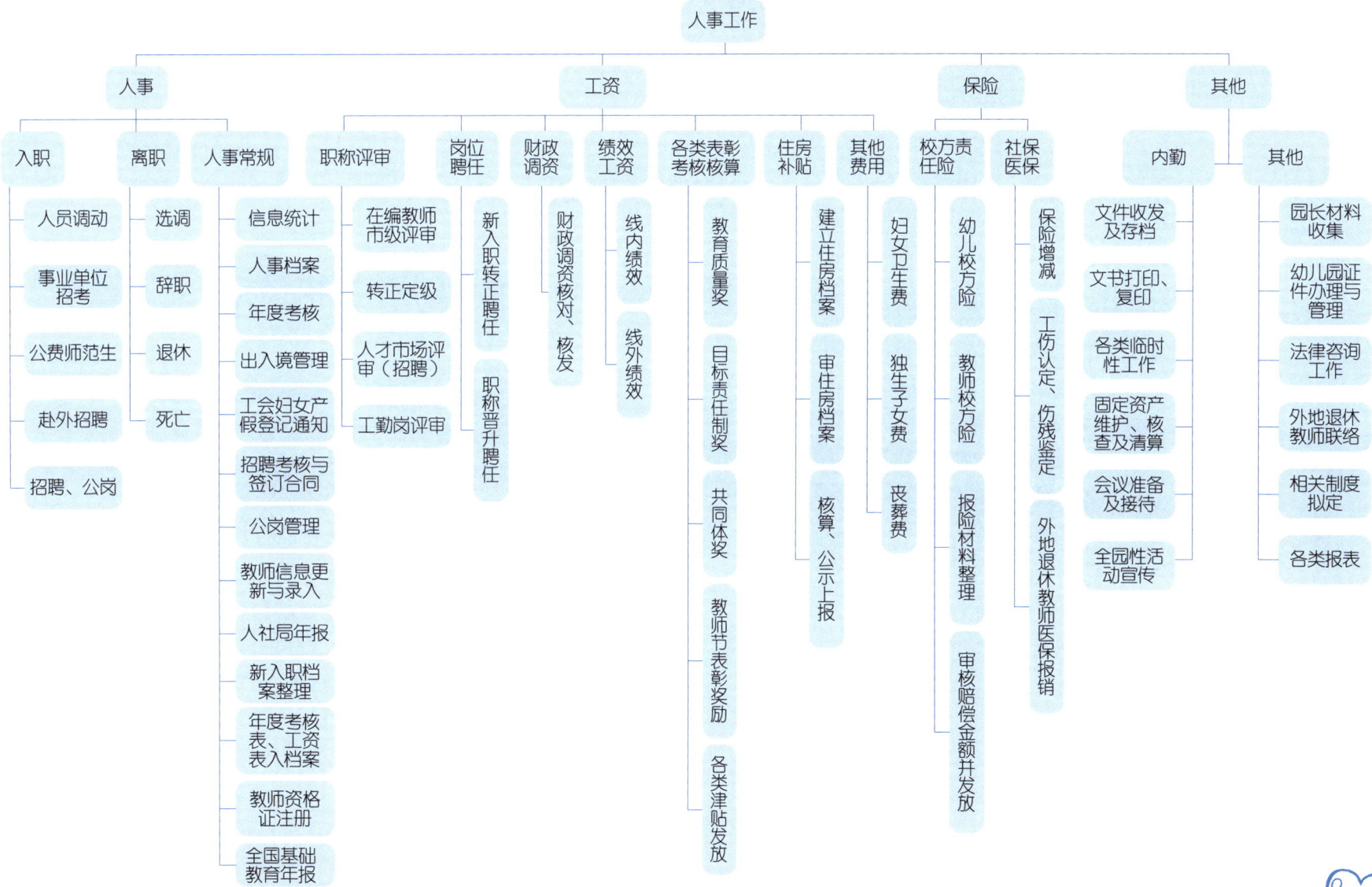

人事工作

人事
入职
- 人员调动
- 事业单位招考
- 公费师范生
- 赴外招聘
- 招聘、公岗

离职
- 选调
- 辞职
- 退休
- 死亡

人事常规
- 信息统计
- 人事档案
- 年度考核
- 出入境管理
- 工会妇女产假登记通知
- 招聘考核与签订合同
- 公岗管理
- 教师信息更新与录入
- 人社局年报
- 新入职档案整理
- 年度考核表、工资表入档案
- 教师资格证注册
- 全国基础教育年报

工资
职称评审
- 在编教师市级评审
- 转正定级
- 人才市场评审（招聘）
- 工勤岗评审

岗位聘任
- 新入职转正聘任
- 职称晋升聘任

财政调资
- 财政调资核对、核发

绩效工资
- 线内绩效
- 线外绩效

各类表彰考核核算
- 教育质量奖
- 目标责任制奖
- 共同体奖
- 教师节表彰奖励
- 各类津贴发放

住房补贴
- 建立住房档案
- 审住房档案
- 核算、公示上报

其他费用
- 妇女卫生费
- 独生子女费
- 丧葬费

保险
校方责任险
- 幼儿校方险
- 教师校方险
- 报险材料整理
- 审核赔偿金额并发放

社保医保
- 保险增减
- 工伤认定、伤残鉴定
- 外地退休教师医保报销

其他
内勤
- 文件收发及存档
- 文书打印、复印
- 各类临时性工作
- 固定资产维护、核查及清算
- 会议准备及接待
- 全园性活动宣传

其他
- 园长材料收集
- 幼儿园证件办理与管理
- 法律咨询工作
- 外地退休教师联络
- 相关制度拟定
- 各类报表

11

11. 党务干事岗位职责

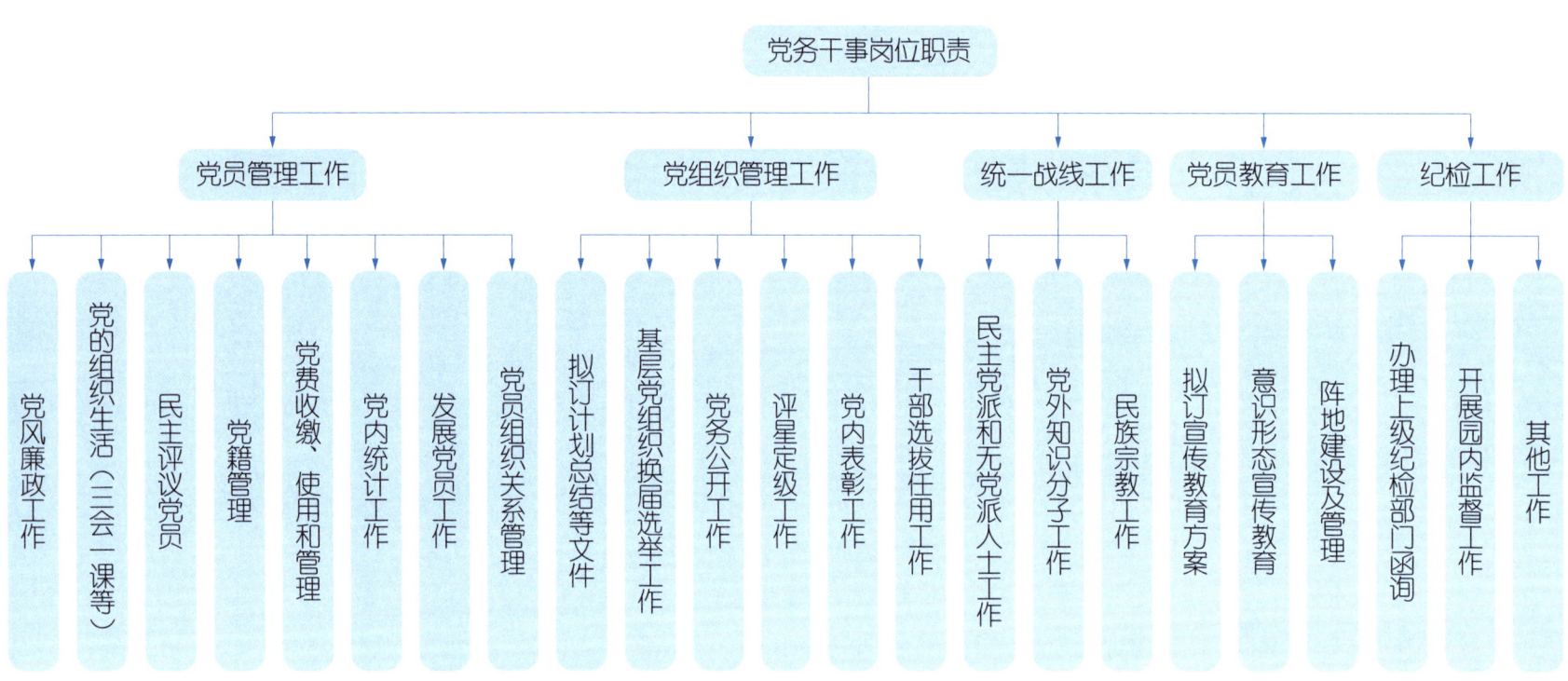

党务干事岗位职责

党员管理工作
- 党风廉政工作
- 党的组织生活（三会一课等）
- 民主评议党员
- 党籍管理
- 党费收缴、使用和管理
- 党内统计工作
- 发展党员工作
- 党员组织关系管理

党组织管理工作
- 拟订计划总结等文件
- 基层党组织换届选举工作
- 党务公开工作
- 评星定级工作
- 党内表彰工作
- 干部选拔任用工作

统一战线工作
- 民主党派和无党派人士工作
- 党外知识分子工作
- 民族宗教工作

党员教育工作
- 拟订宣传教育方案
- 意识形态宣传教育
- 阵地建设及管理

纪检工作
- 办理上级纪检部门函询
- 开展园内监督工作
- 其他工作

12. 班主任岗位职责

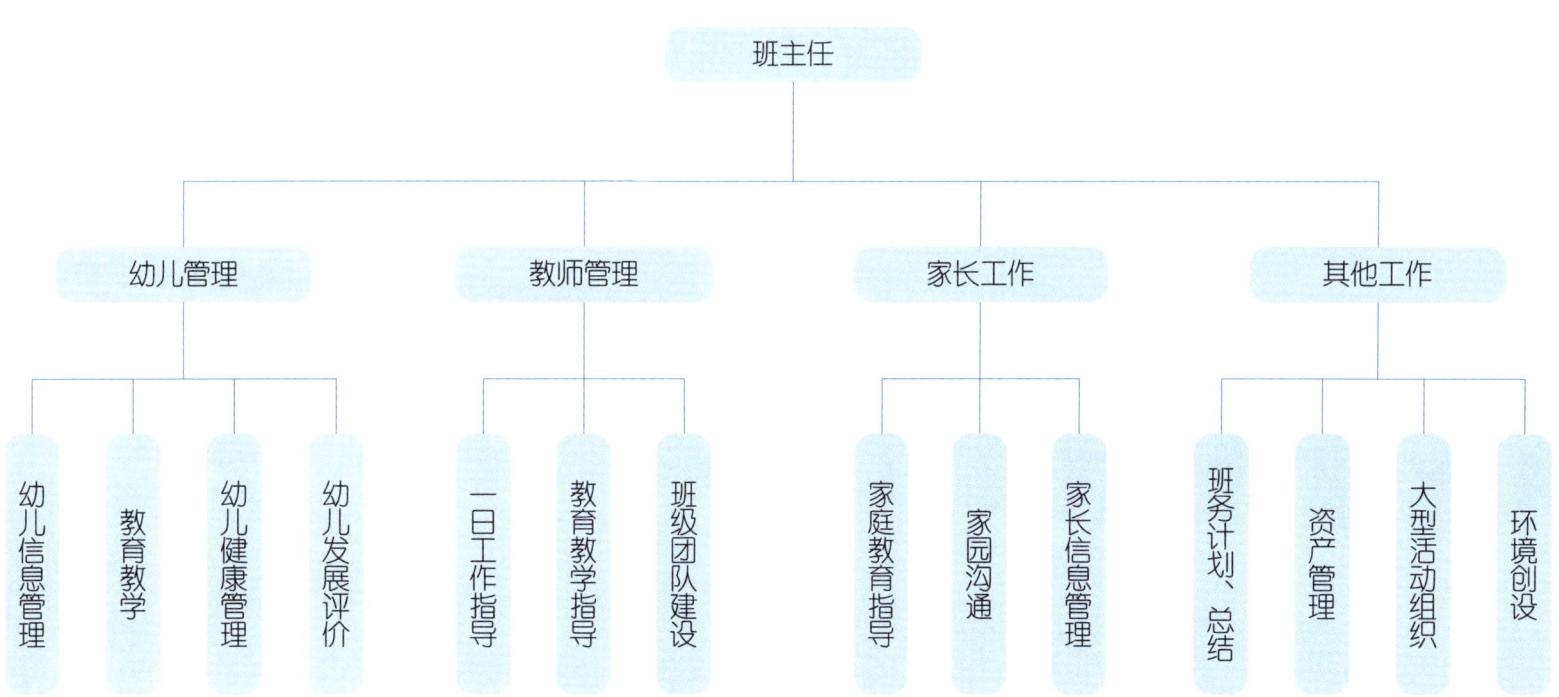

班主任

幼儿管理
- 幼儿信息管理
- 教育教学
- 幼儿健康管理
- 幼儿发展评价

教师管理
- 一日工作指导
- 教育教学指导
- 班级团队建设

家长工作
- 家庭教育指导
- 家园沟通
- 家长信息管理

其他工作
- 班务计划、总结
- 资产管理
- 大型活动组织
- 环境创设

13. 配班教师岗位职责

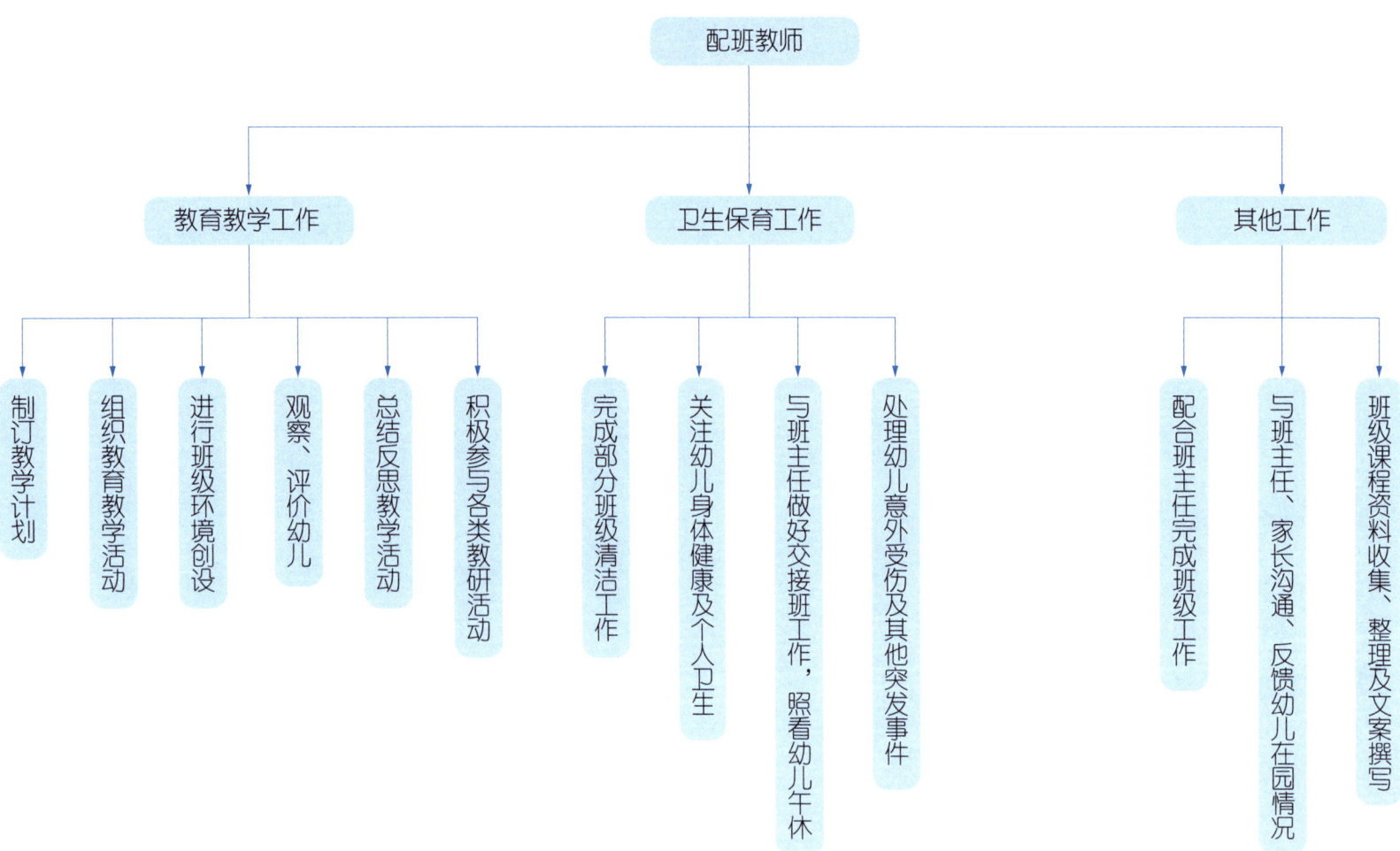

配班教师

教育教学工作

卫生保育工作

其他工作

制订教学计划

组织教育教学活动

进行班级环境创设

观察、评价幼儿

总结反思教学活动

积极参与各类教研活动

完成部分班级清洁工作

关注幼儿身体健康及个人卫生

与班主任做好交接班工作，照看幼儿午休

处理幼儿意外受伤及其他突发事件

配合班主任完成班级工作

与班主任、家长沟通、反馈幼儿在园情况

班级课程资料收集、整理及文案撰写

14．保教人员岗位职责

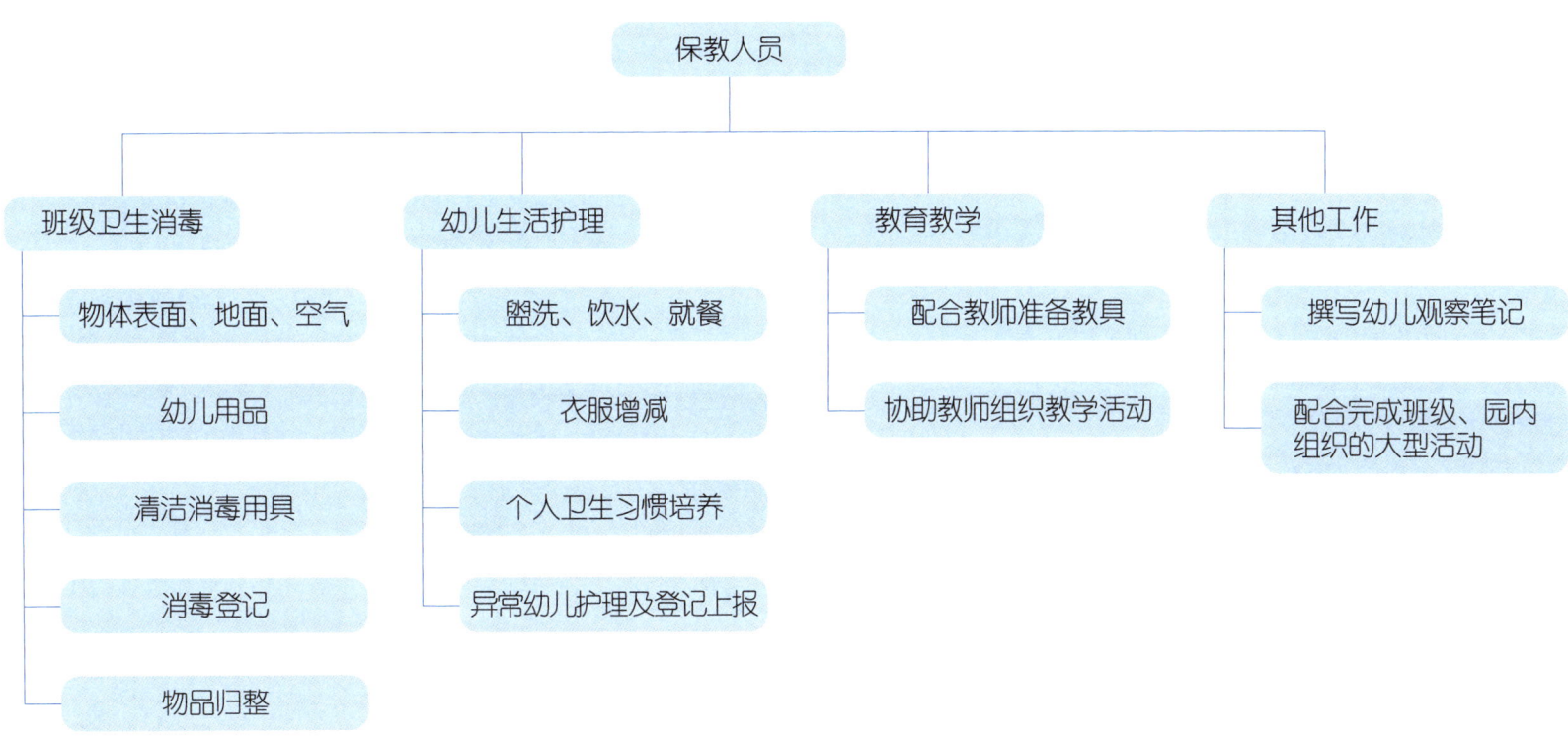

保教人员

- 班级卫生消毒
  - 物体表面、地面、空气
  - 幼儿用品
  - 清洁消毒用具
  - 消毒登记
  - 物品归整

- 幼儿生活护理
  - 盥洗、饮水、就餐
  - 衣服增减
  - 个人卫生习惯培养
  - 异常幼儿护理及登记上报

- 教育教学
  - 配合教师准备教具
  - 协助教师组织教学活动

- 其他工作
  - 撰写幼儿观察笔记
  - 配合完成班级、园内组织的大型活动

15. 保健医岗位职责

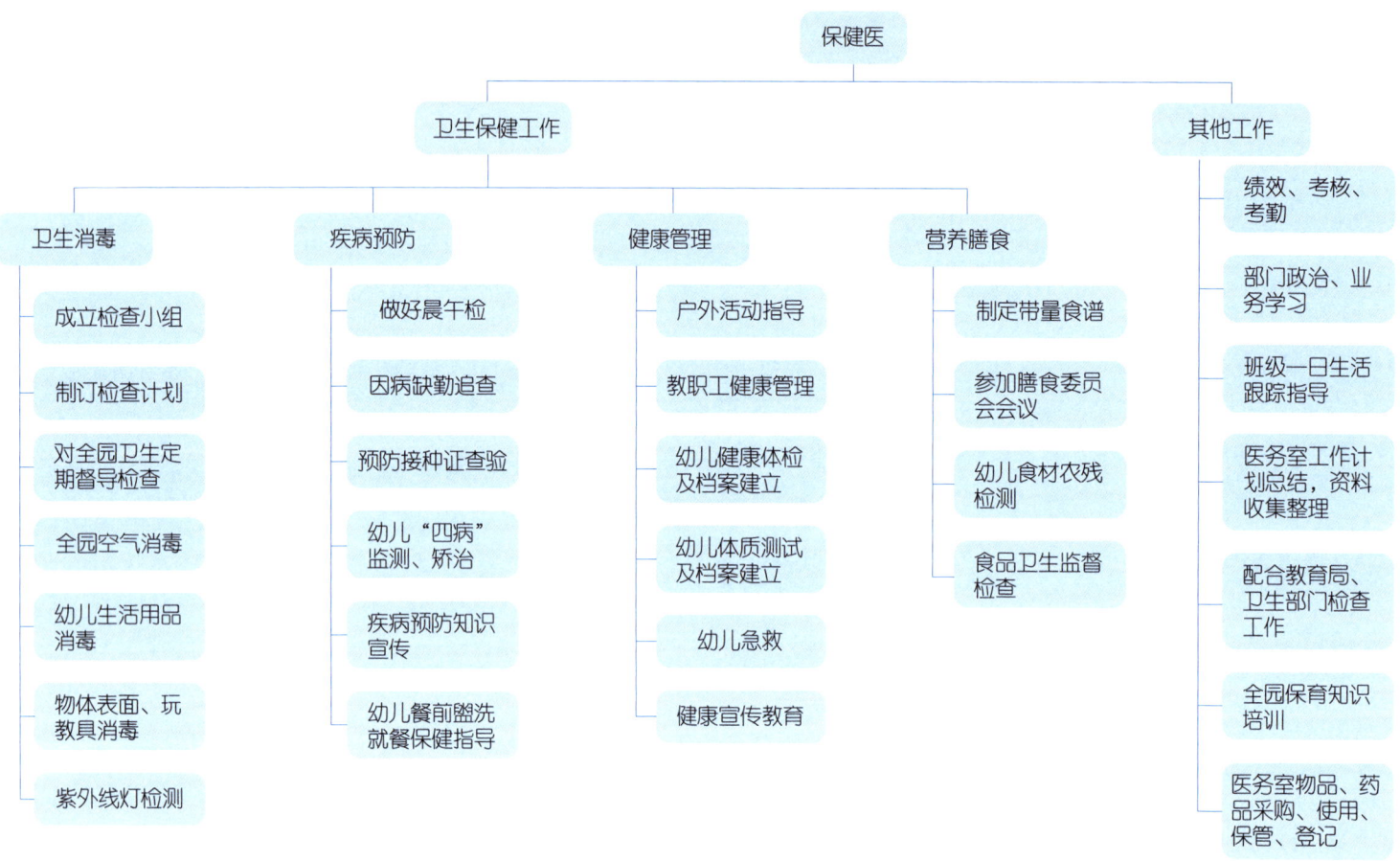

保健医

卫生保健工作　　　　　　　　　　　　　其他工作

卫生消毒
- 成立检查小组
- 制订检查计划
- 对全园卫生定期督导检查
- 全园空气消毒
- 幼儿生活用品消毒
- 物体表面、玩教具消毒
- 紫外线灯检测

疾病预防
- 做好晨午检
- 因病缺勤追查
- 预防接种证查验
- 幼儿"四病"监测、矫治
- 疾病预防知识宣传
- 幼儿餐前盥洗就餐保健指导

健康管理
- 户外活动指导
- 教职工健康管理
- 幼儿健康体检及档案建立
- 幼儿体质测试及档案建立
- 幼儿急救
- 健康宣传教育

营养膳食
- 制定带量食谱
- 参加膳食委员会会议
- 幼儿食材农残检测
- 食品卫生监督检查

其他工作
- 绩效、考核、考勤
- 部门政治、业务学习
- 班级一日生活跟踪指导
- 医务室工作计划总结，资料收集整理
- 配合教育局、卫生部门检查工作
- 全园保育知识培训
- 医务室物品、药品采购、使用、保管、登记

16. 档案员岗位职责

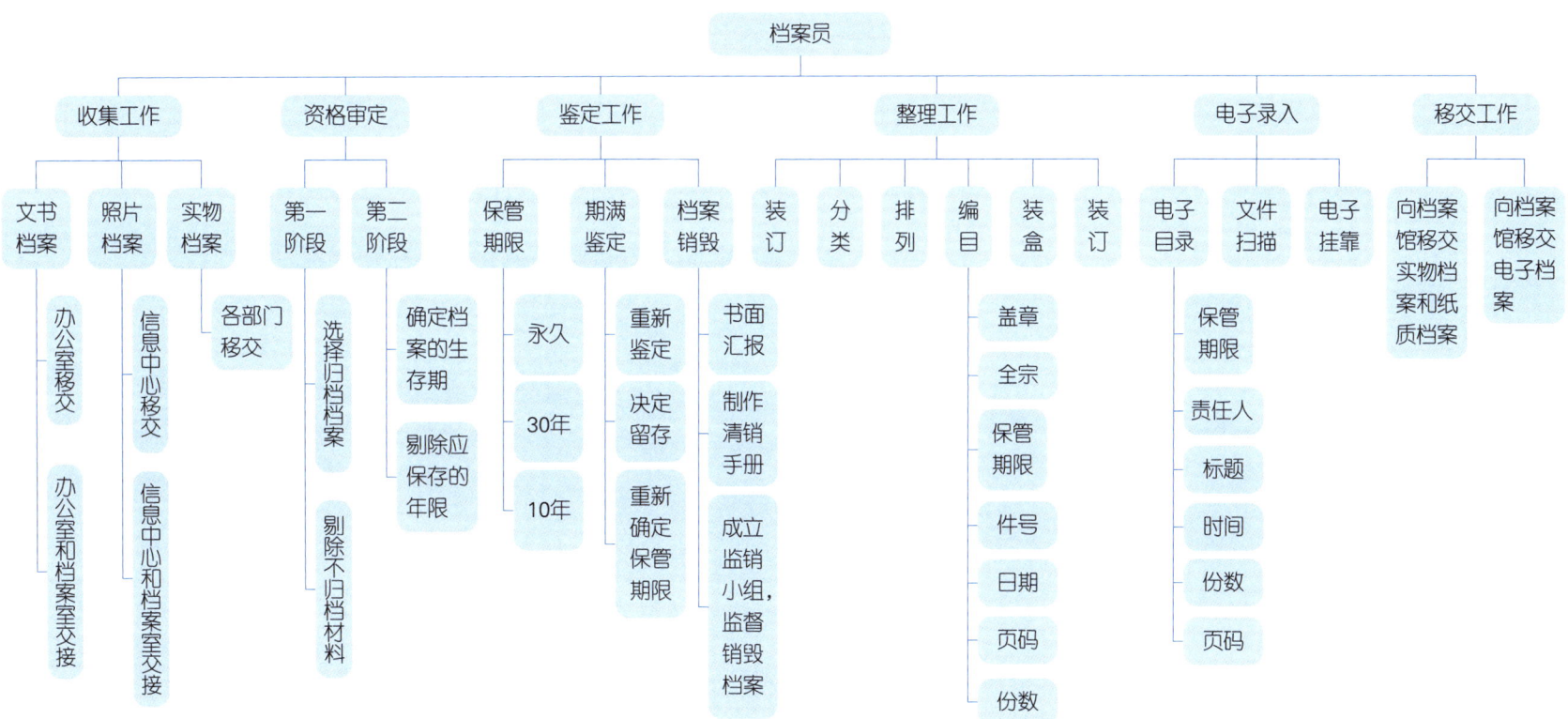

档案员

收集工作
- 文书档案
  - 办公室移交
  - 办公室和档案室交接
- 照片档案
  - 信息中心移交
  - 信息中心和档案室交接
- 实物档案
  - 各部门移交

资格审定
- 第一阶段
  - 选择归档档案
  - 剔除不归档材料
- 第二阶段
  - 确定档案的生存期
  - 剔除应保存的年限

鉴定工作
- 保管期限
  - 永久
  - 30年
  - 10年
- 期满鉴定
  - 重新鉴定
  - 决定留存
  - 重新确定保管期限
- 档案销毁
  - 书面汇报
  - 制作清销手册
  - 成立监销小组，监督销毁档案

整理工作
- 装订
- 分类
- 排列
- 编目
  - 盖章
  - 全宗
  - 保管期限
  - 件号
  - 日期
  - 页码
  - 份数
- 装盒
- 装订

电子录入
- 电子目录
  - 保管期限
  - 责任人
  - 标题
  - 时间
  - 份数
  - 页码
- 文件扫描
- 电子挂靠

移交工作
- 向档案馆移交实物档案和纸质档案
- 向档案馆移交电子档案

模块二

幼儿园党务工作

流程

17．党组织议事工作流程

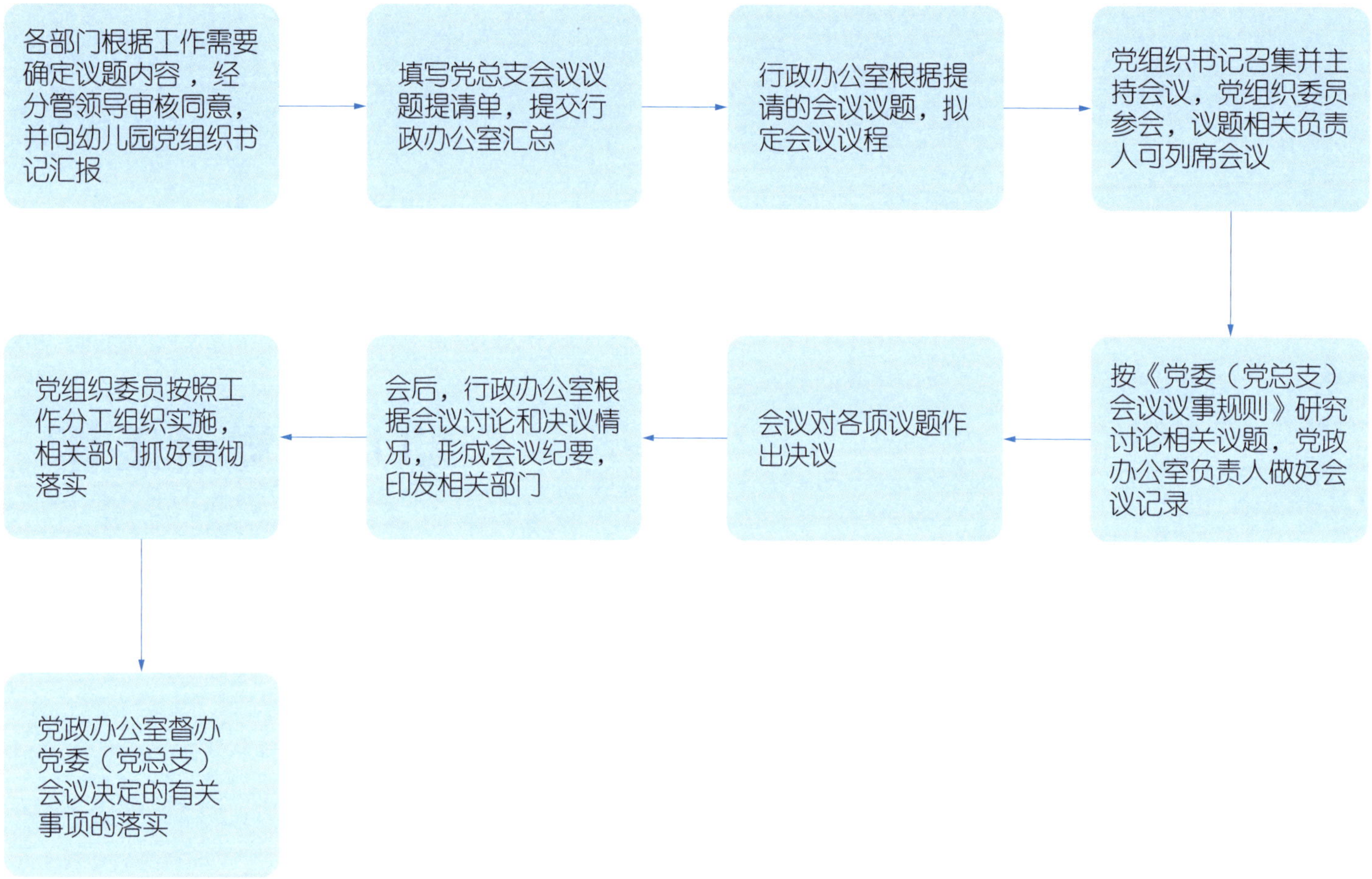

各部门根据工作需要确定议题内容，经分管领导审核同意，并向幼儿园党组织书记汇报 → 填写党总支会议议题提请单，提交行政办公室汇总 → 行政办公室根据提请的会议议题，拟定会议议程 → 党组织书记召集并主持会议，党组织委员参会，议题相关负责人可列席会议

↓

党组织委员按照工作分工组织实施，相关部门抓好贯彻落实 ← 会后，行政办公室根据会议讨论和决议情况，形成会议纪要，印发相关部门 ← 会议对各项议题作出决议 ← 按《党委（党总支）会议议事规则》研究讨论相关议题，党政办公室负责人做好会议记录

↓

党政办公室督办党委（党总支）会议决定的有关事项的落实

20

18. 党组织换届工作流程

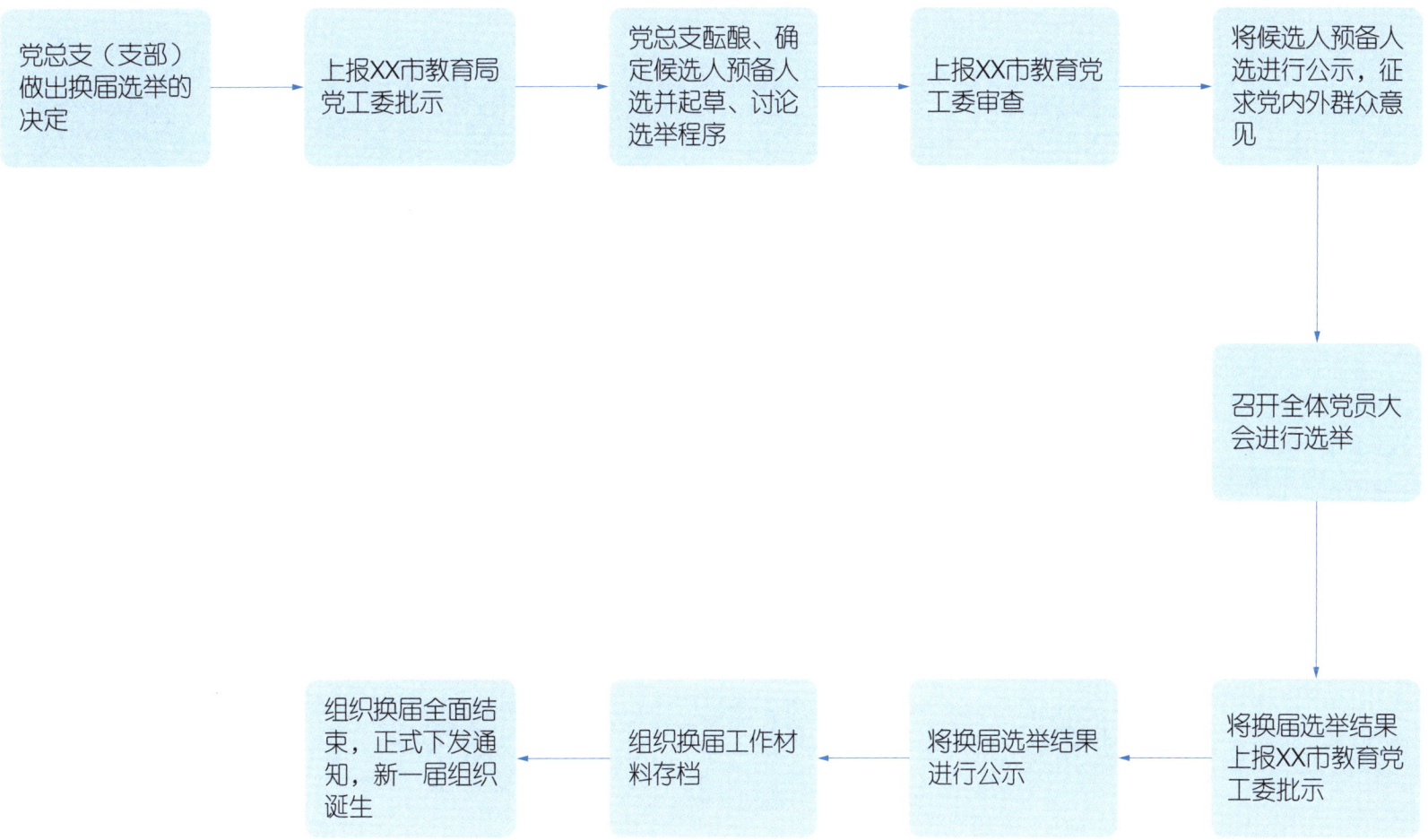

党总支（支部）做出换届选举的决定 → 上报XX市教育局党工委批示 → 党总支酝酿、确定候选人预备人选并起草、讨论选举程序 → 上报XX市教育党工委审查 → 将候选人预备人选进行公示，征求党内外群众意见 → 召开全体党员大会进行选举 → 将换届选举结果上报XX市教育党工委批示 → 将换届选举结果进行公示 → 组织换届工作材料存档 → 组织换届全面结束，正式下发通知，新一届组织诞生

19. 领导班子民主生活会工作流程

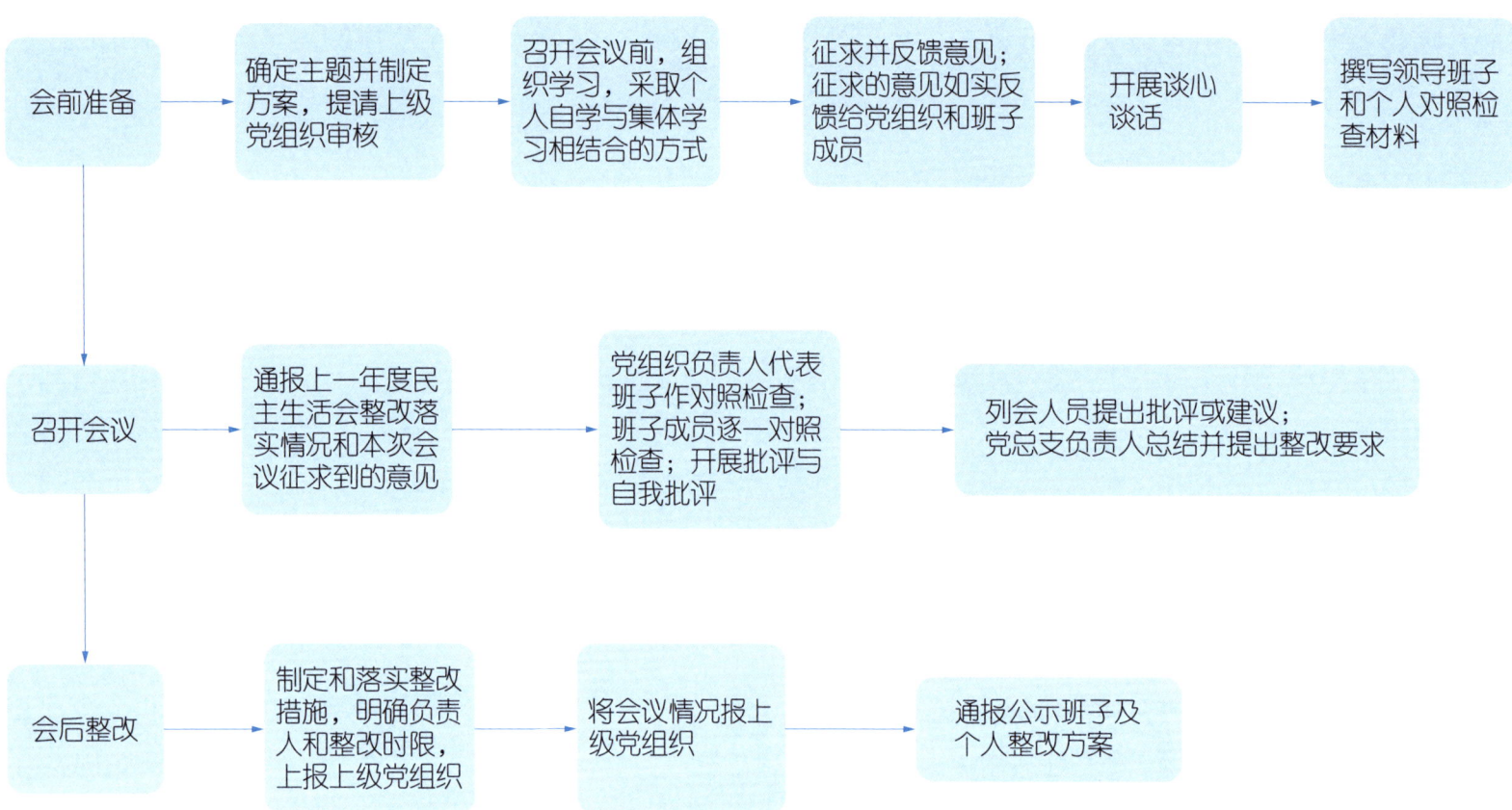

会前准备 → 确定主题并制定方案，提请上级党组织审核 → 召开会议前，组织学习，采取个人自学与集体学习相结合的方式 → 征求并反馈意见；征求的意见如实反馈给党组织和班子成员 → 开展谈心谈话 → 撰写领导班子和个人对照检查材料

召开会议 → 通报上一年度民主生活会整改落实情况和本次会议征求到的意见 → 党组织负责人代表班子作对照检查；班子成员逐一对照检查；开展批评与自我批评 → 列会人员提出批评或建议；党总支负责人总结并提出整改要求

会后整改 → 制定和落实整改措施，明确负责人和整改时限，上报上级党组织 → 将会议情况报上级党组织 → 通报公示班子及个人整改方案

20. 支部组织生活会工作流程

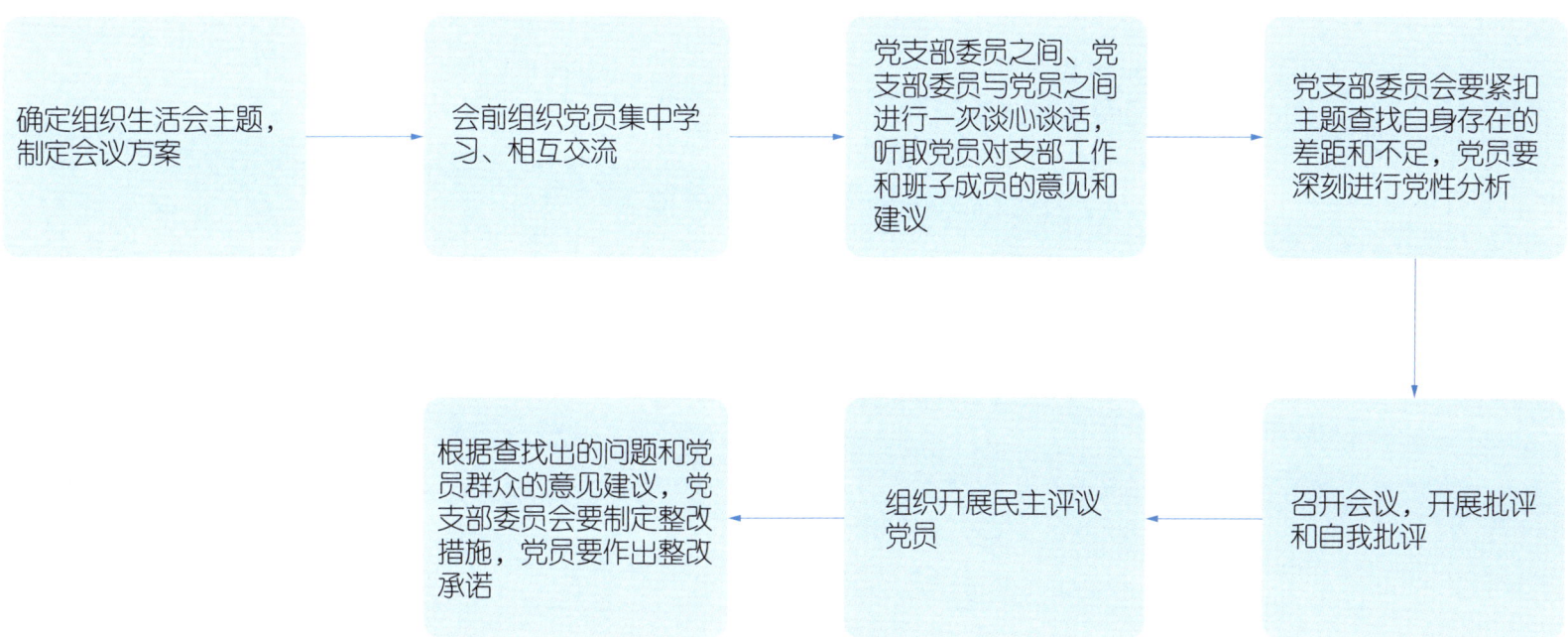

确定组织生活会主题，制定会议方案 → 会前组织党员集中学习、相互交流 → 党支部委员之间、党支部委员与党员之间进行一次谈心谈话，听取党员对支部工作和班子成员的意见和建议 → 党支部委员会要紧扣主题查找自身存在的差距和不足，党员要深刻进行党性分析 → 召开会议，开展批评和自我批评 → 组织开展民主评议党员 → 根据查找出的问题和党员群众的意见建议，党支部委员会要制定整改措施，党员要作出整改承诺

21. 党务会议召开工作流程

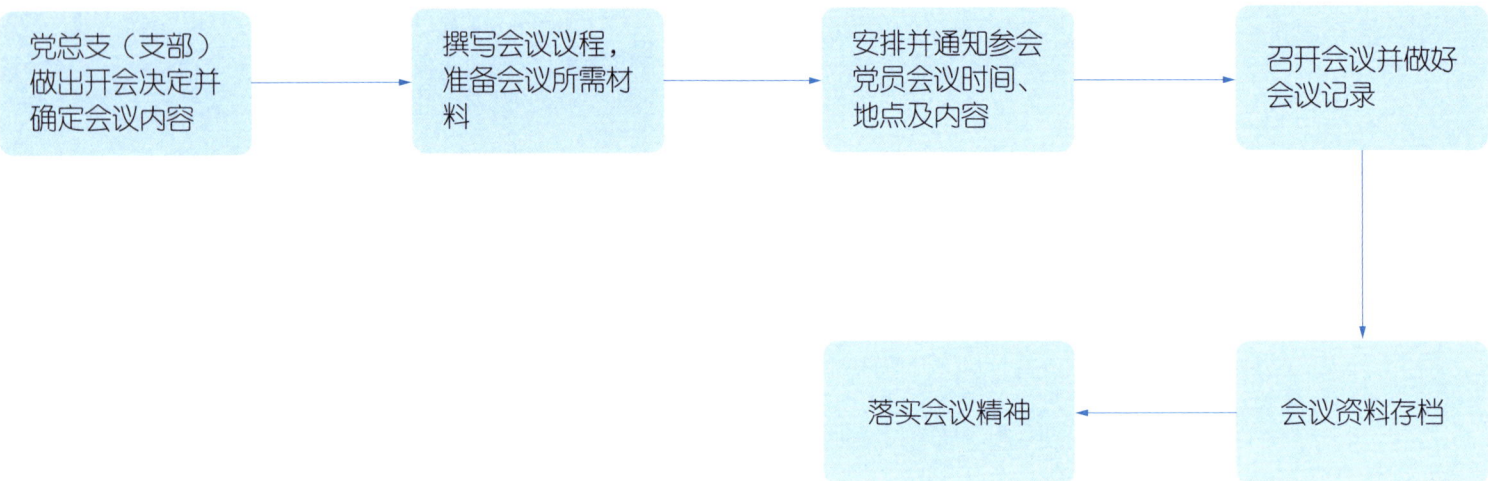

党总支（支部）做出开会决定并确定会议内容 → 撰写会议议程，准备会议所需材料 → 安排并通知参会党员会议时间、地点及内容 → 召开会议并做好会议记录 → 会议资料存档 → 落实会议精神

22. 党务文件落实工作流程

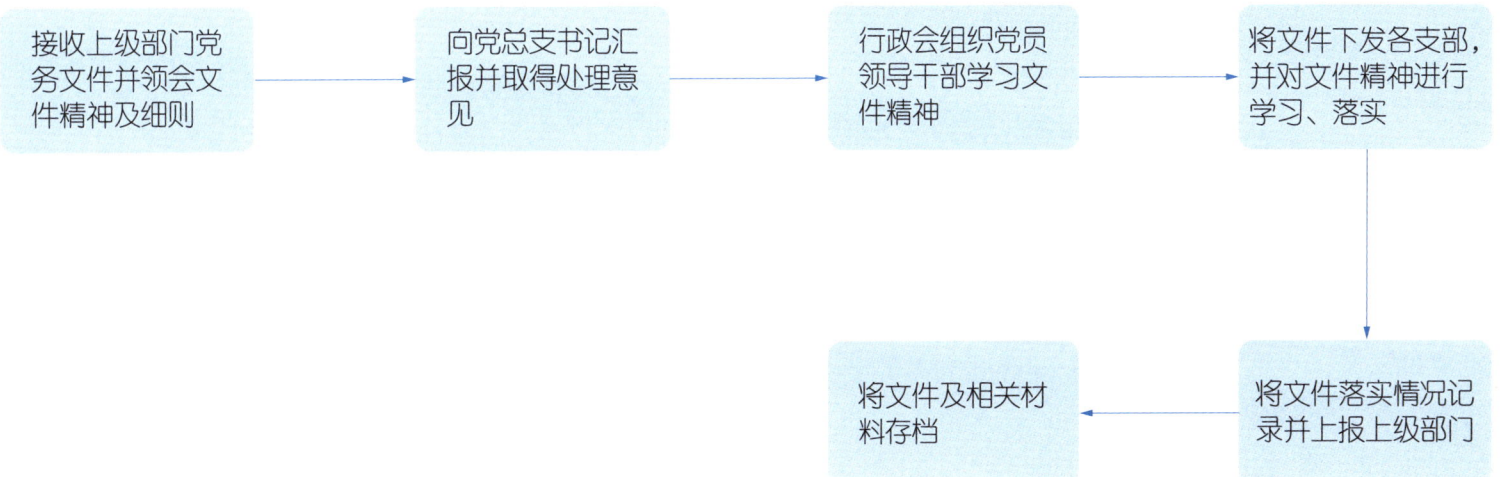

接收上级部门党务文件并领会文件精神及细则 → 向党总支书记汇报并取得处理意见 → 行政会组织党员领导干部学习文件精神 → 将文件下发各支部，并对文件精神进行学习、落实

将文件及相关材料存档 ← 将文件落实情况记录并上报上级部门

23. 党员活动组织工作流程

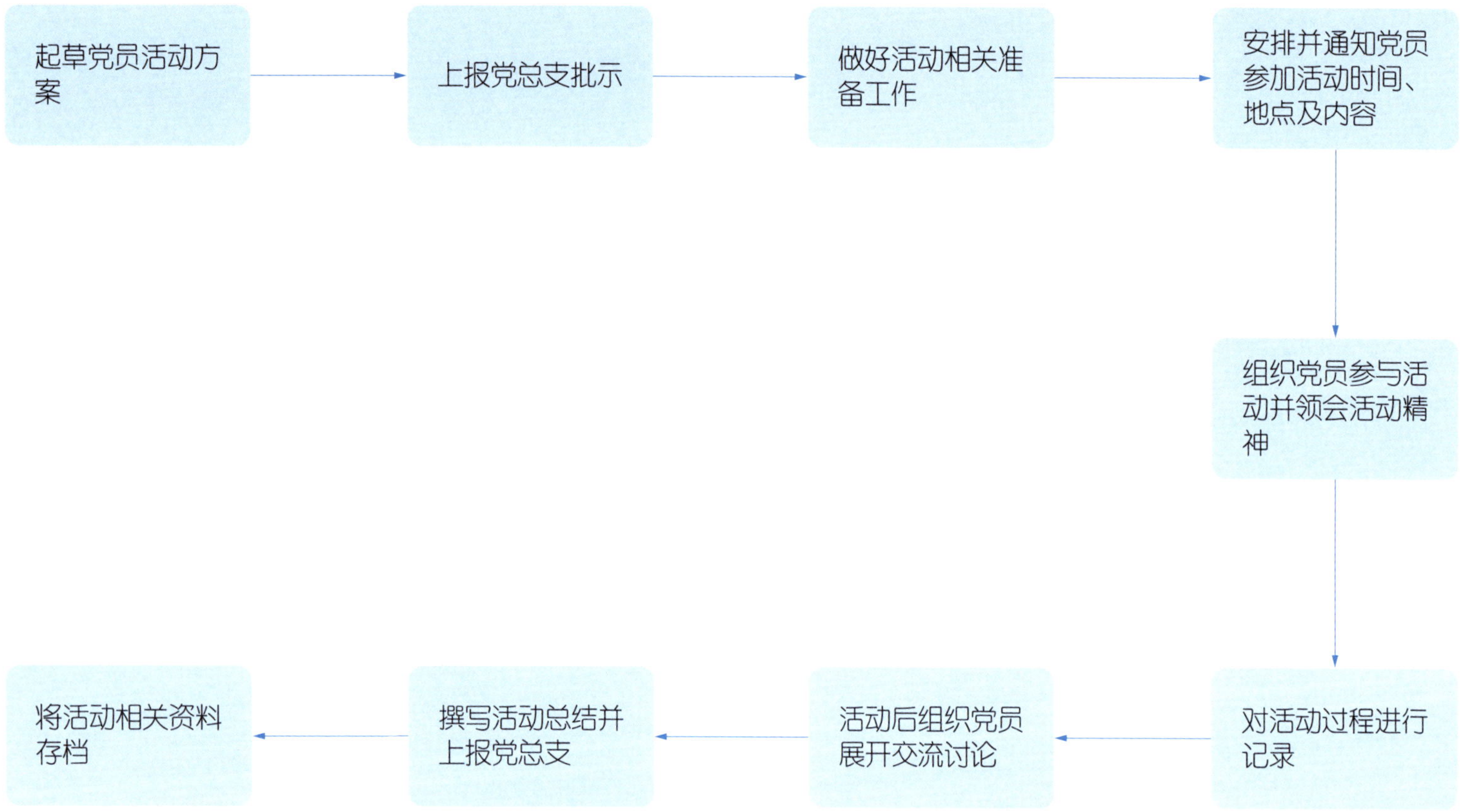

起草党员活动方案 → 上报党总支批示 → 做好活动相关准备工作 → 安排并通知党员参加活动时间、地点及内容

↓

组织党员参与活动并领会活动精神

↓

将活动相关资料存档 ← 撰写活动总结并上报党总支 ← 活动后组织党员展开交流讨论 ← 对活动过程进行记录

24. 主题党日工作流程

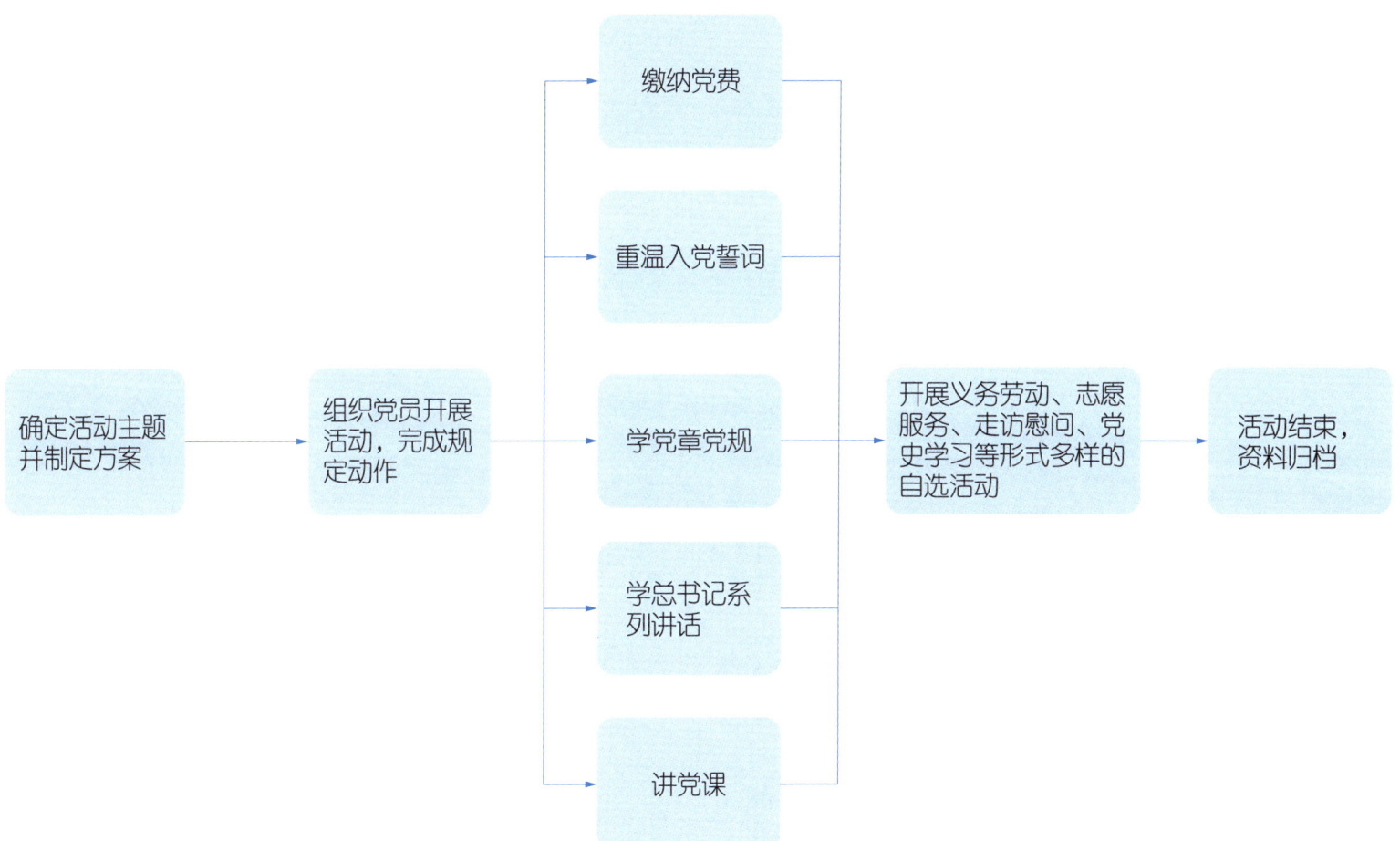

确定活动主题并制定方案 → 组织党员开展活动，完成规定动作 →

- 缴纳党费
- 重温入党誓词
- 学党章党规
- 学总书记系列讲话
- 讲党课

→ 开展义务劳动、志愿服务、走访慰问、党史学习等形式多样的自选活动 → 活动结束，资料归档

25. 发展党员工作流程

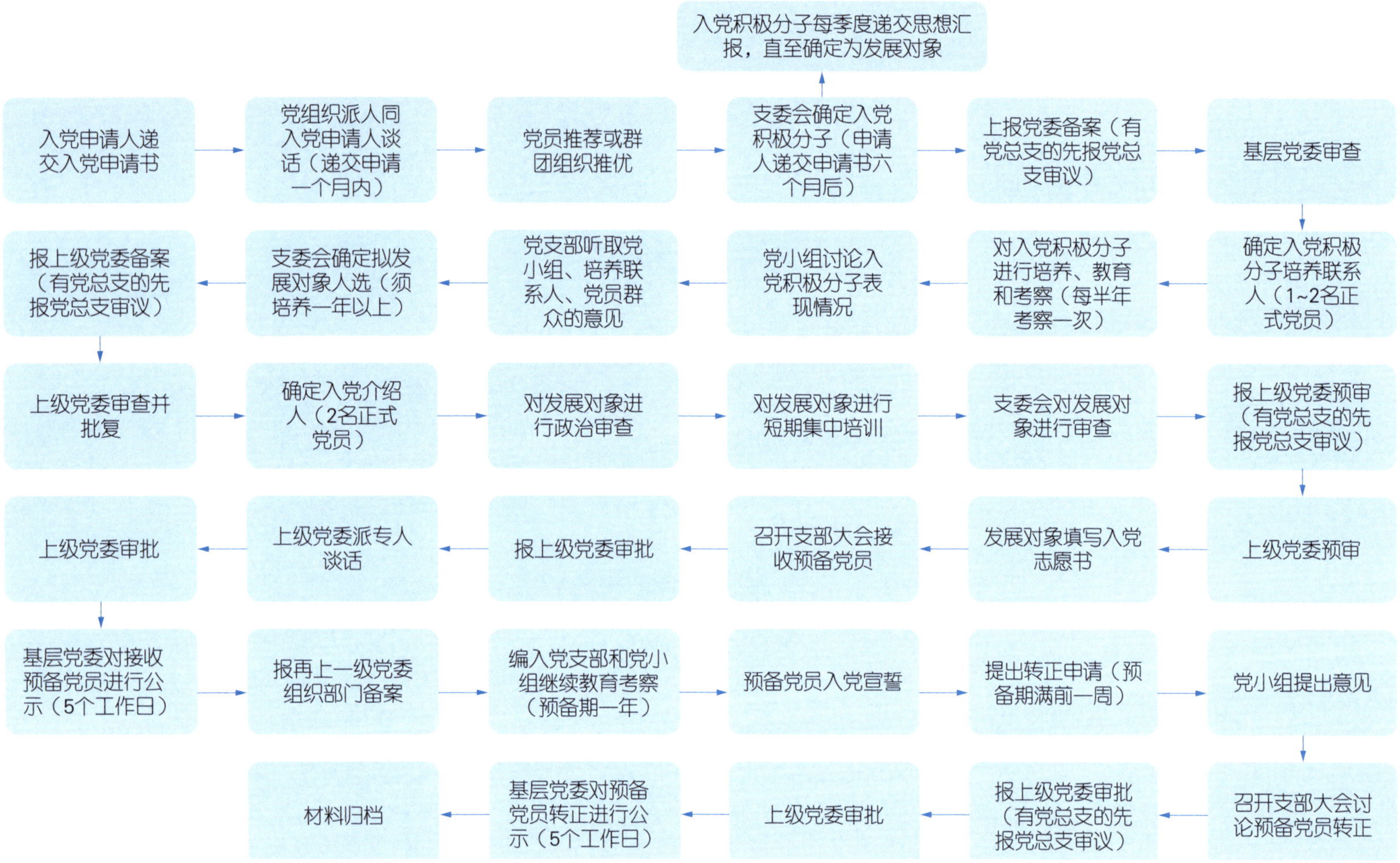

```
入党积极分子每季度递交思想汇
报，直至确定为发展对象
```

入党申请人递交入党申请书 → 党组织派人同入党申请人谈话（递交申请一个月内） → 党员推荐或群团组织推优 → 支委会确定入党积极分子（申请人递交申请书六个月后） → 上报党委备案（有党总支的先报党总支审议） → 基层党委审查

报上级党委备案（有党总支的先报党总支审议） ← 支委会确定拟发展对象人选（须培养一年以上） ← 党支部听取党小组、培养联系人、党员群众的意见 ← 党小组讨论入党积极分子表现情况 ← 对入党积极分子进行培养、教育和考察（每半年考察一次） ← 确定入党积极分子培养联系人（1~2名正式党员）

上级党委审查并批复 → 确定入党介绍人（2名正式党员） → 对发展对象进行政治审查 → 对发展对象进行短期集中培训 → 支委会对发展对象进行审查 → 报上级党委预审（有党总支的先报党总支审议）

上级党委审批 ← 上级党委派专人谈话 ← 报上级党委审批 ← 召开支部大会接收预备党员 ← 发展对象填写入党志愿书 ← 上级党委预审

基层党委对接收预备党员进行公示（5个工作日） → 报再上一级党委组织部门备案 → 编入党支部和党小组继续教育考察（预备期一年） → 预备党员入党宣誓 → 提出转正申请（预备期满前一周） → 党小组提出意见

材料归档 ← 基层党委对预备党员转正进行公示（5个工作日） ← 上级党委审批 ← 报上级党委审批（有党总支的先报党总支审议） ← 召开支部大会讨论预备党员转正

28

26. 党组织关系转入工作流程

省内转接

本人（代理人）到原党组织开具中共党员组织关系介绍信并交齐党费 → 原党组织在全国党员管理信息系统内发起转接 → 原党组织将党员档案密封转递现党组织 → 现党组织审核党员档案无误后在系统内确认接收

本人到转入党支部报到 ← 本人到现党组织办理转入手续，开具回执

省外转接

本人（代理人）到原党组织开具中共党员组织关系介绍信（开至原组织所在市委组织部）并交齐党费 → 原党组织将党员档案密封转递现党组织 → 本人（代理人）到原组织所在市委组织部开具中共党员组织关系介绍信（开至转入党组织所在市教育党工委） → 本人到现党组织所在市教育党工委开具中共党员组织关系介绍信（开至党组织）

现党组织在全国党员管理信息系统内新增该党员信息并通知转 ← 本人填写党员基本信息采集表并上交电子版红底证件照一张 ← 党总支审核党员档案无误后开具回执

27. 党组织关系转出工作流程

省内转接

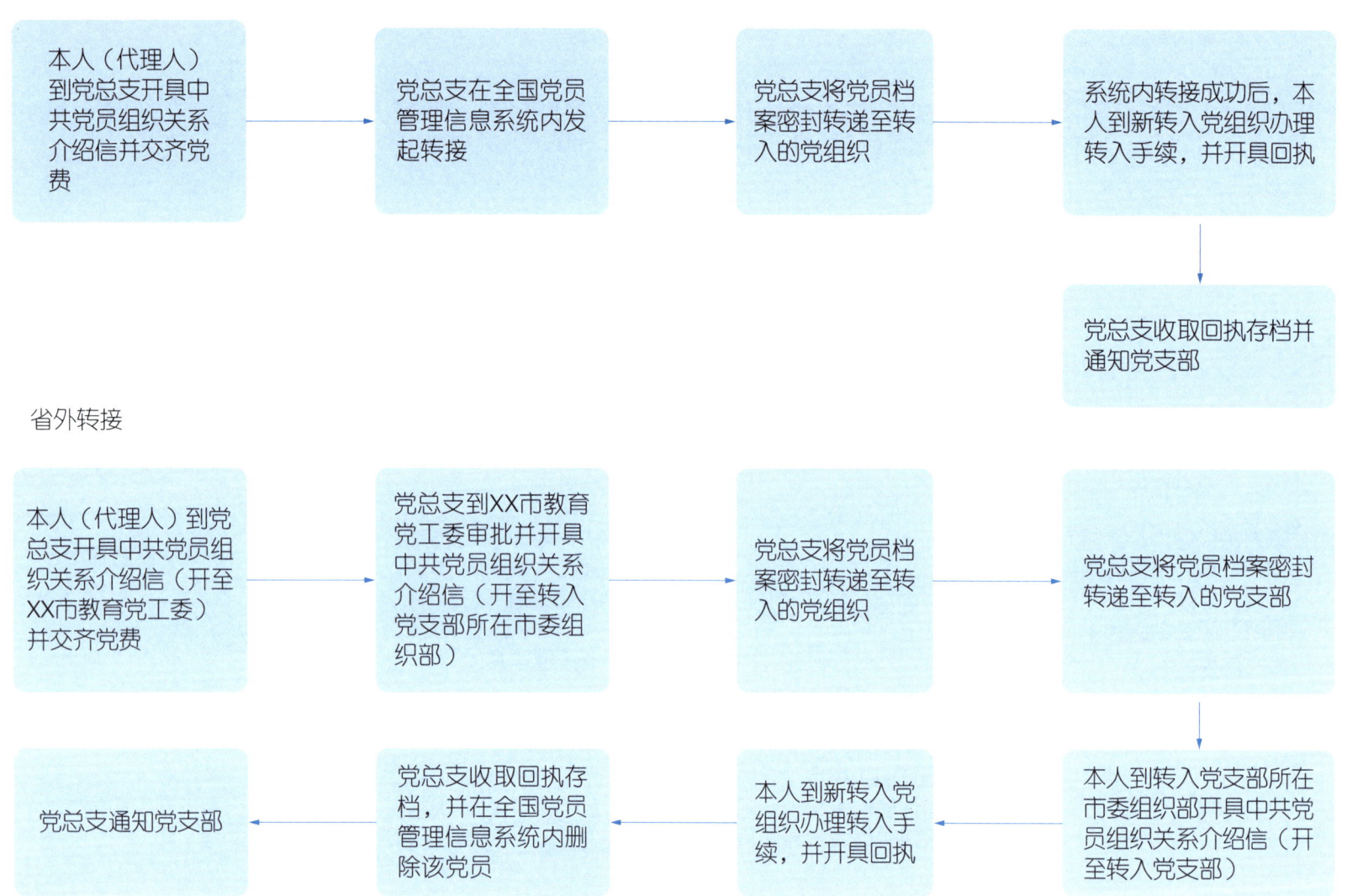

本人（代理人）到党总支开具中共党员组织关系介绍信并交齐党费 → 党总支在全国党员管理信息系统内发起转接 → 党总支将党员档案密封转递至转入的党组织 → 系统内转接成功后，本人到新转入党组织办理转入手续，并开具回执 → 党总支收取回执存档并通知党支部

省外转接

本人（代理人）到党总支开具中共党员组织关系介绍信（开至XX市教育党工委）并交齐党费 → 党总支到XX市教育党工委审批并开具中共党员组织关系介绍信（开至转入党支部所在市委组织部） → 党总支将党员档案密封转递至转入的党组织 → 党总支将党员档案密封转递至转入的党支部 → 本人到转入党支部所在市委组织部开具中共党员组织关系介绍信（开至转入党支部） → 本人到新转入党组织办理转入手续，并开具回执 → 党总支收取回执存档，并在全国党员管理信息系统内删除该党员 → 党总支通知党支部

28. 党员入党档案丢失补办工作流程

原单位还存在的，由原单位提供相关证明材料，主要包括：党员入党时的支部大会记录、上级党组织审议讨论的记录、参加党校学习记录、入党介绍人及原支部证明、入党后参加组织生活的记录等相关材料

原单位已不存在的，由党员、干部现所在单位党组织通过派人前往其入党地走访入党介绍人、入党时的支部书记、查阅相关文献等形式，开展组织调查，形成正式的调查意见

报上一级党委组织人事部门审核并确认党员身份

确认党员身份后，由党员现在所在的党支部负责为其补办入党志愿书

在入党志愿书封面上写明："因入党志愿书丢失，X年X月X日补办"，并加盖党支部或单位公章

让补办党员如实填写好入党志愿书第1页至第7页，第7页末尾的日期应填入党时的日期，再填上补办的日期，并写上"补填"字样

将党组织的调查意见、上一级党委组织部门（县、市、区委组织部以上）的审核意见，以及以上列的5项证明材料粘贴在第8页上

召开支部大会，作出同意补办入党志愿书的决议。并将"决议"写入入党志愿书第9页中。"决议"的标题应定明"同意XXX同志补办入党志愿书的决议"

党总支会议作出同意补办入党志愿书的决议，并写入入党志愿书第10页"党委审批意见"档中

29. 党费收缴工作流程

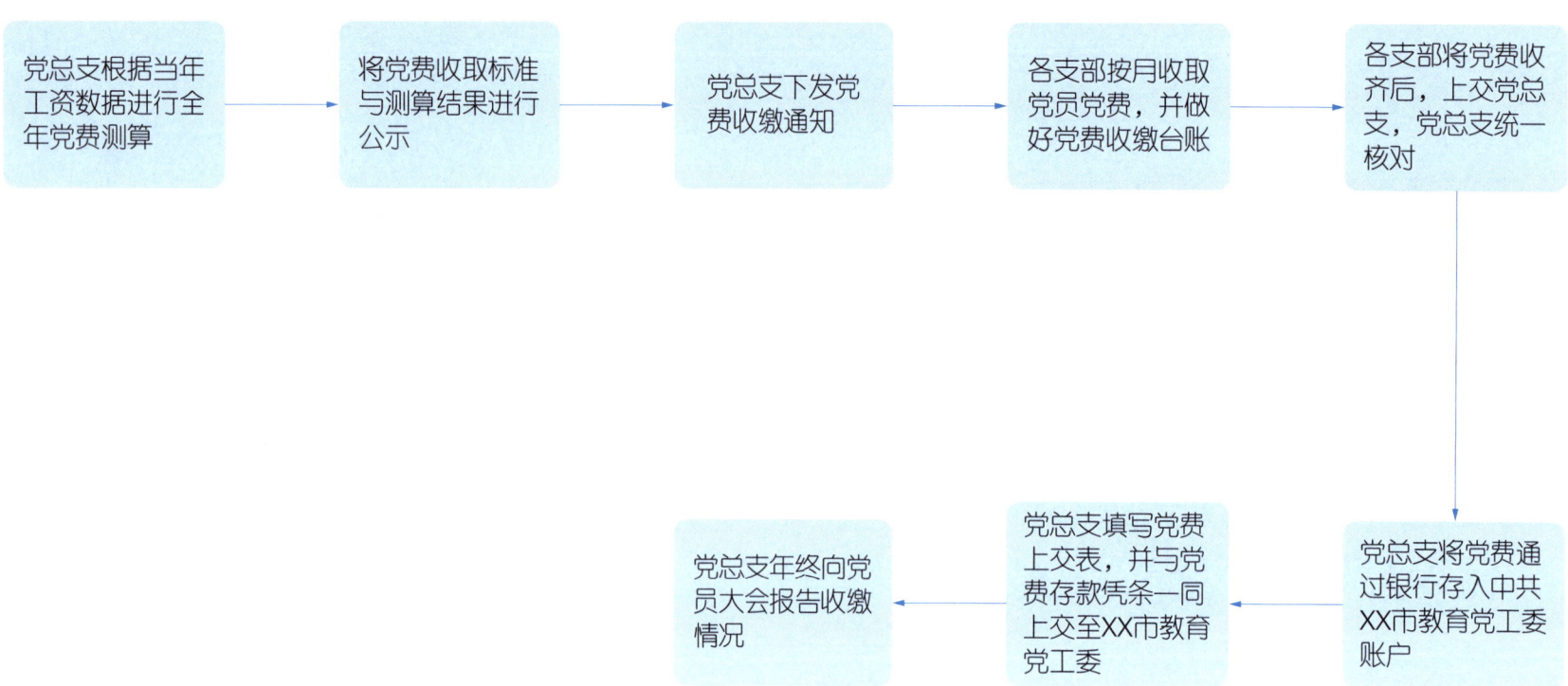

党总支根据当年工资数据进行全年党费测算 → 将党费收取标准与测算结果进行公示 → 党总支下发党费收缴通知 → 各支部按月收取党员党费，并做好党费收缴台账 → 各支部将党费收齐后，上交党总支，党总支统一核对

党总支年终向党员大会报告收缴情况 ← 党总支填写党费上交表，并与党费存款凭条一同上交至XX市教育党工委 ← 党总支将党费通过银行存入中共XX市教育党工委账户

30. 党员承诺践诺评诺工作流程

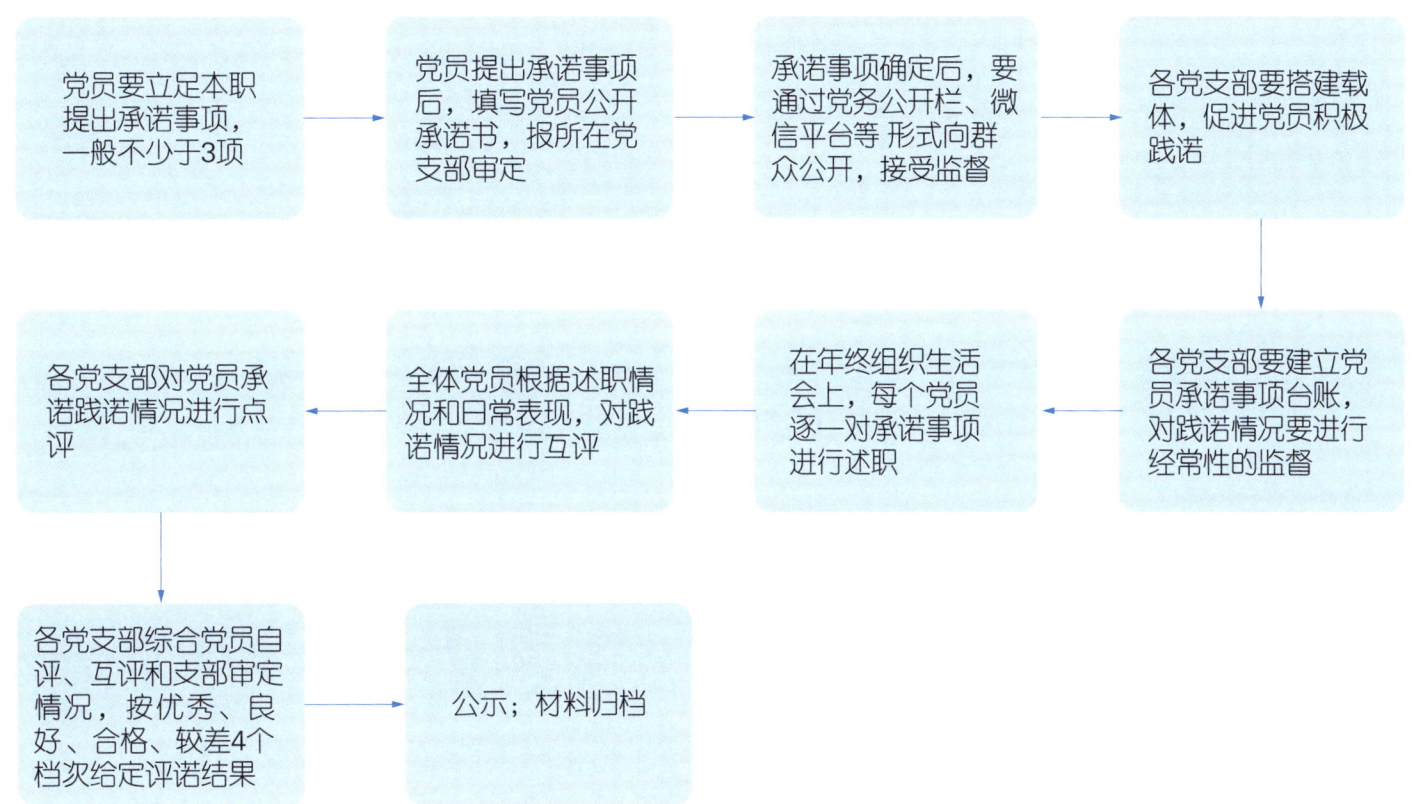

党员要立足本职提出承诺事项，一般不少于3项

党员提出承诺事项后，填写党员公开承诺书，报所在党支部审定

承诺事项确定后，要通过党务公开栏、微信平台等 形式向群众公开，接受监督

各党支部要搭建载体，促进党员积极践诺

各党支部要建立党员承诺事项台账，对践诺情况要进行经常性的监督

在年终组织生活会上，每个党员逐一对承诺事项进行述职

全体党员根据述职情况和日常表现，对践诺情况进行互评

各党支部对党员承诺践诺情况进行点评

各党支部综合党员自评、互评和支部审定情况，按优秀、良好、合格、较差4个档次给定评诺结果

公示；材料归档

模块三

幼儿园行政工作

流程

31. 招生工作流程

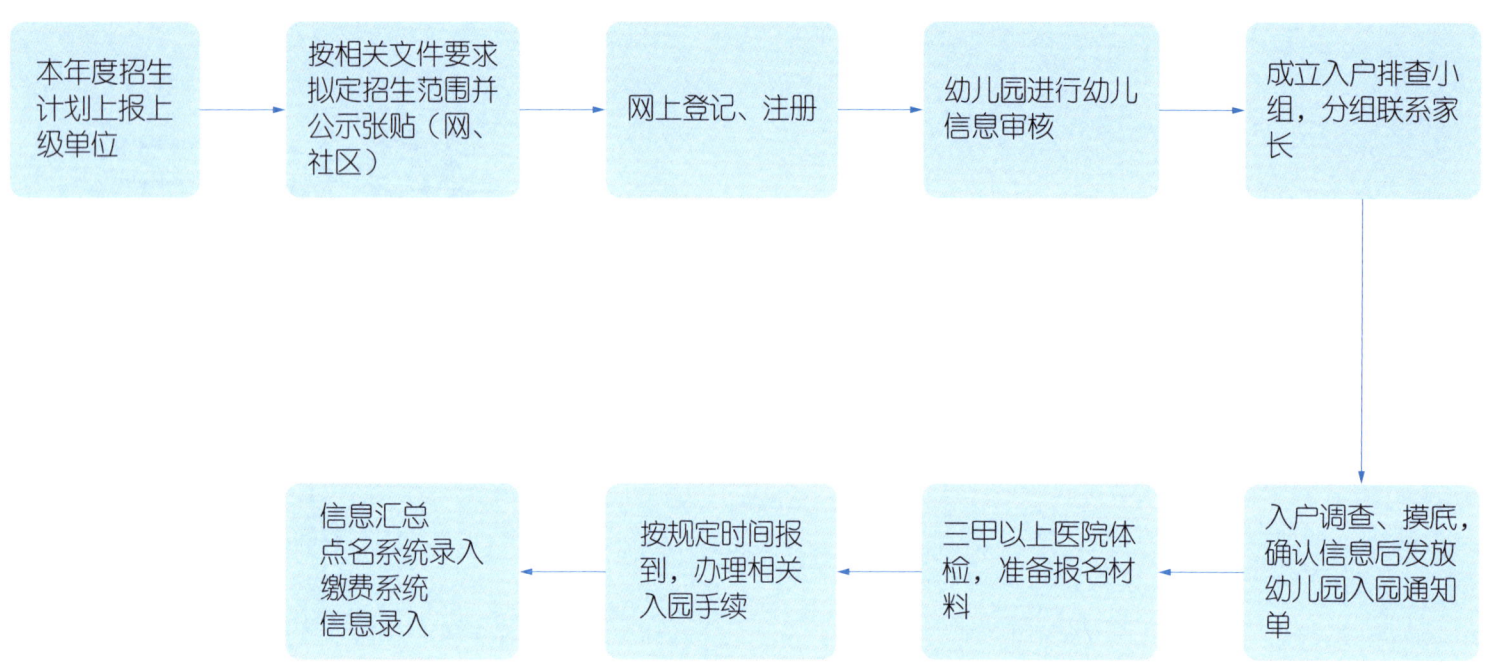

```
本年度招生      按相关文件要求                              幼儿园进行幼儿        成立入户排查小
计划上报上  →   拟定招生范围并  →  网上登记、注册  →  信息审核        →   组，分组联系家
级单位         公示张贴（网、                                                  长
              社区）
```

```
信息汇总                                                              入户调查、摸底，
点名系统录入     按规定时间报      三甲以上医院体                       确认信息后发放
缴费系统     ←  到，办理相关  ←  检，准备报名材  ←                    幼儿园入园通知
信息录入         入园手续         料                                  单
```

32. 教师节表彰流程

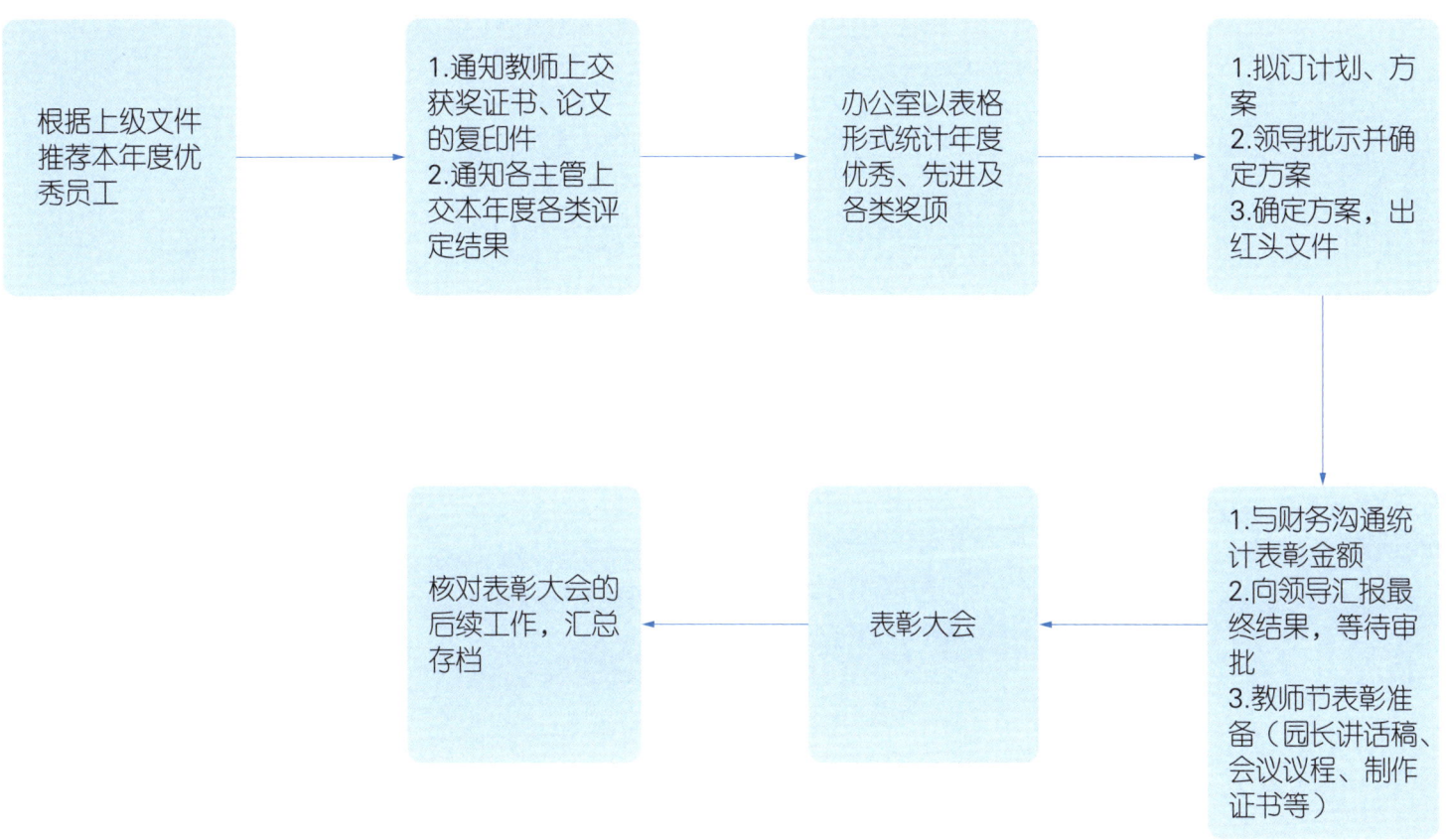

根据上级文件推荐本年度优秀员工

1.通知教师上交获奖证书、论文的复印件
2.通知各主管上交本年度各类评定结果

办公室以表格形式统计年度优秀、先进及各类奖项

1.拟订计划、方案
2.领导批示并确定方案
3.确定方案，出红头文件

核对表彰大会的后续工作，汇总存档

表彰大会

1.与财务沟通统计表彰金额
2.向领导汇报最终结果，等待审批
3.教师节表彰准备（园长讲话稿、会议议程、制作证书等）

33. 年度考核流程

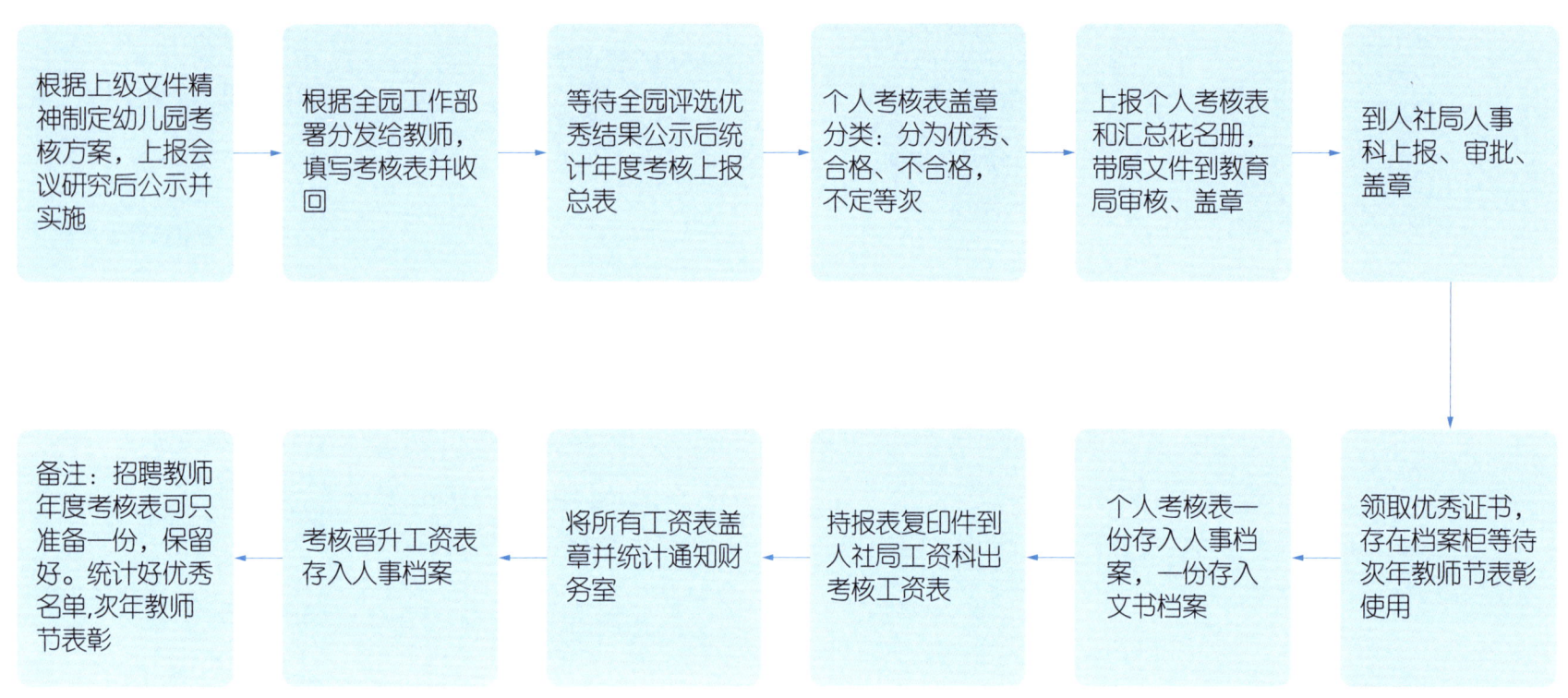

根据上级文件精神制定幼儿园考核方案，上报会议研究后公示并实施

→

根据全园工作部署分发给教师，填写考核表并收回

→

等待全园评选优秀结果公示后统计年度考核上报总表

→

个人考核表盖章分类：分为优秀、合格、不合格，不定等次

→

上报个人考核表和汇总花名册，带原文件到教育局审核、盖章

→

到人社局人事科上报、审批、盖章

↓

备注：招聘教师年度考核表可只准备一份，保留好。统计好优秀名单,次年教师节表彰

←

考核晋升工资表存入人事档案

←

将所有工资表盖章并统计通知财务室

←

持报表复印件到人社局工资科出考核工资表

←

个人考核表一份存入人事档案，一份存入文书档案

←

领取优秀证书，存在档案柜等待次年教师节表彰使用

34．职称评审工作流程

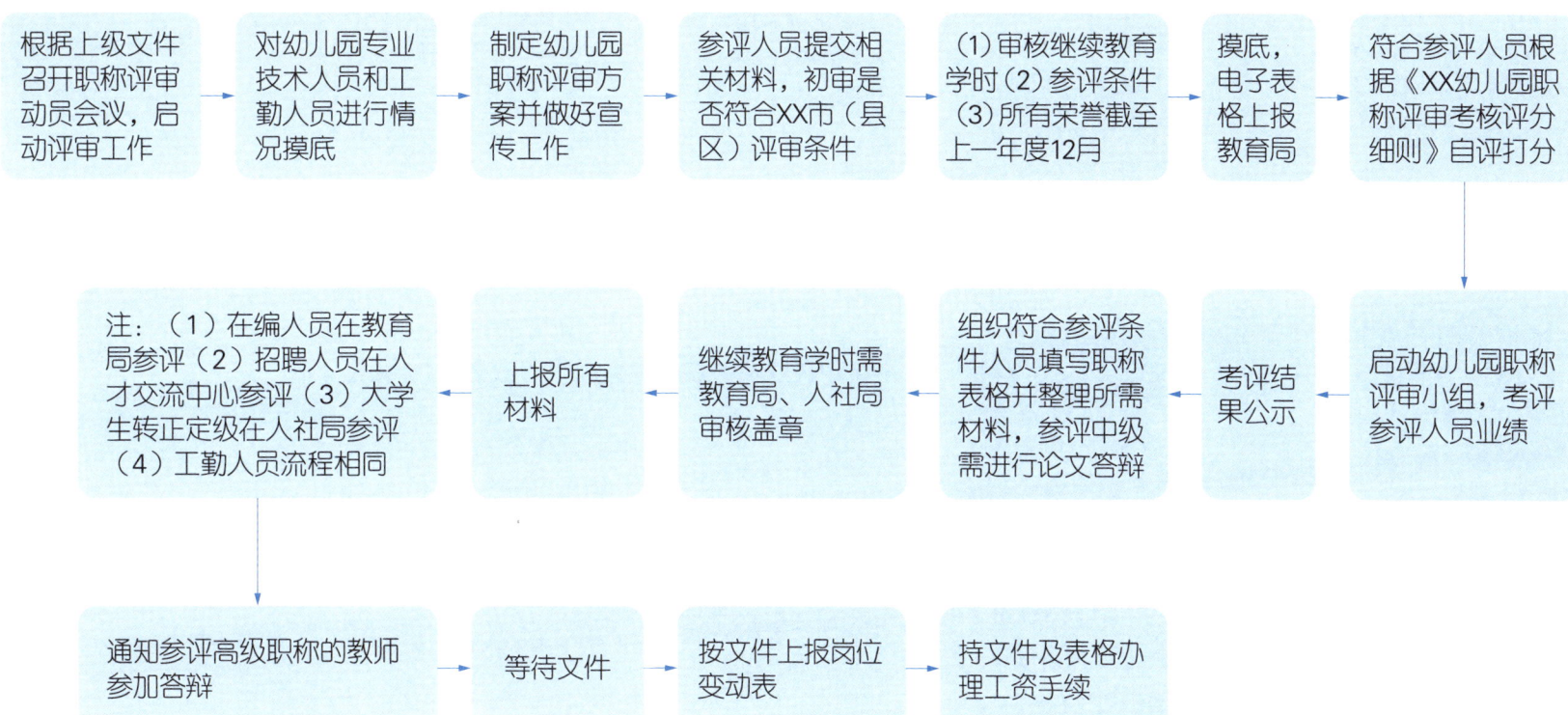

根据上级文件召开职称评审动员会议，启动评审工作 → 对幼儿园专业技术人员和工勤人员进行情况摸底 → 制定幼儿园职称评审方案并做好宣传工作 → 参评人员提交相关材料，初审是否符合XX市（县区）评审条件 → （1）审核继续教育学时（2）参评条件（3）所有荣誉截至上一年度12月 → 摸底，电子表格上报教育局 → 符合参评人员根据《XX幼儿园职称评审考核评分细则》自评打分

注：（1）在编人员在教育局参评（2）招聘人员在人才交流中心参评（3）大学生转正定级在人社局参评（4）工勤人员流程相同 ← 上报所有材料 ← 继续教育学时需教育局、人社局审核盖章 ← 组织符合参评条件人员填写职称表格并整理所需材料，参评中级需进行论文答辩 ← 考评结果公示 ← 启动幼儿园职称评审小组，考评参评人员业绩

通知参评高级职称的教师参加答辩 → 等待文件 → 按文件上报岗位变动表 → 持文件及表格办理工资手续

39

35. 岗位聘任工作流程

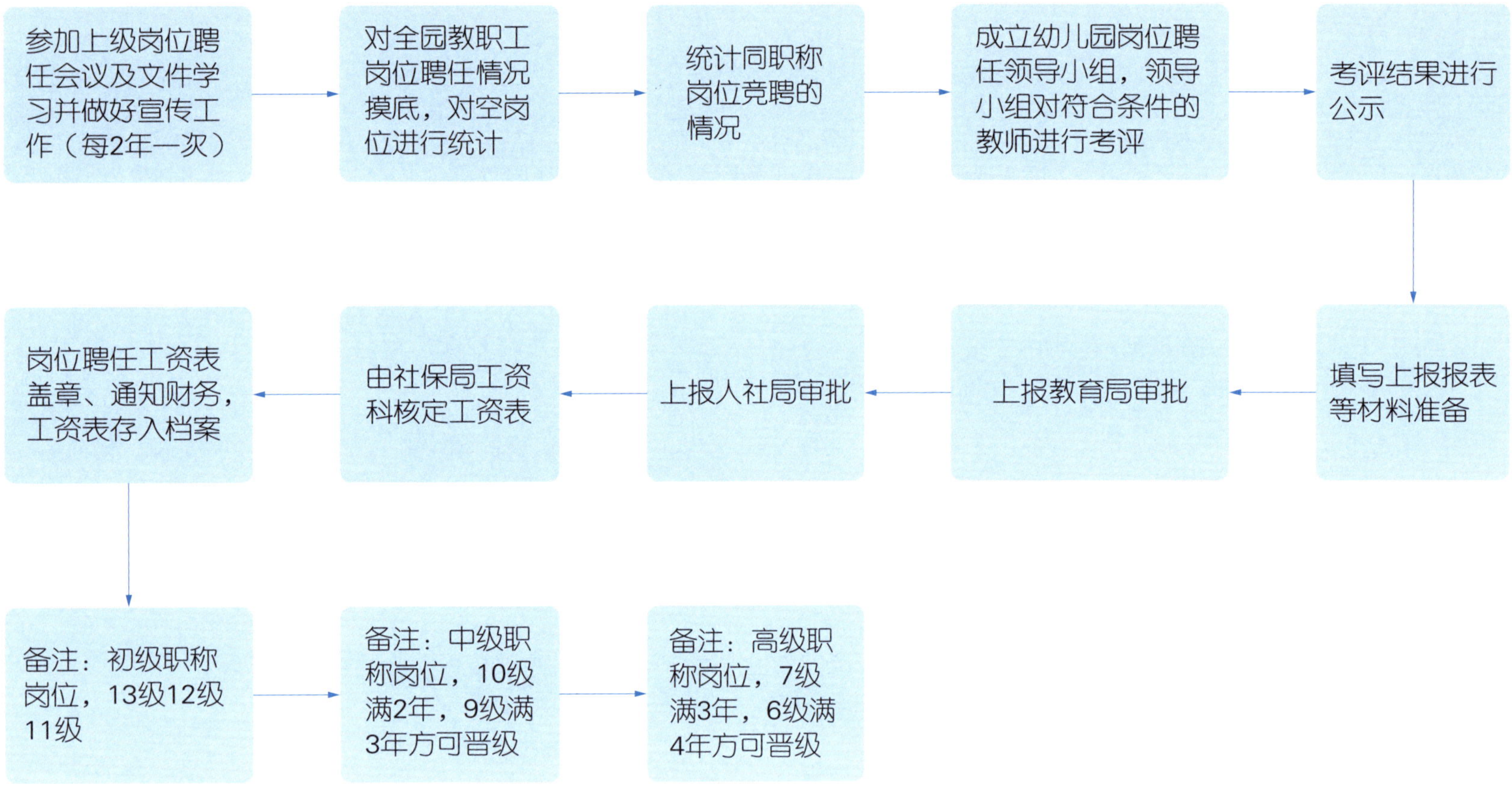

参加上级岗位聘任会议及文件学习并做好宣传工作（每2年一次） → 对全园教职工岗位聘任情况摸底，对空岗位进行统计 → 统计同职称岗位竞聘的情况 → 成立幼儿园岗位聘任领导小组，领导小组对符合条件的教师进行考评 → 考评结果进行公示

岗位聘任工资表盖章、通知财务，工资表存入档案 ← 由社保局工资科核定工资表 ← 上报人社局审批 ← 上报教育局审批 ← 填写上报报表等材料准备

备注：初级职称岗位，13级12级11级 → 备注：中级职称岗位，10级满2年，9级满3年方可晋级 → 备注：高级职称岗位，7级满3年，6级满4年方可晋级

36. 岗位竞聘流程

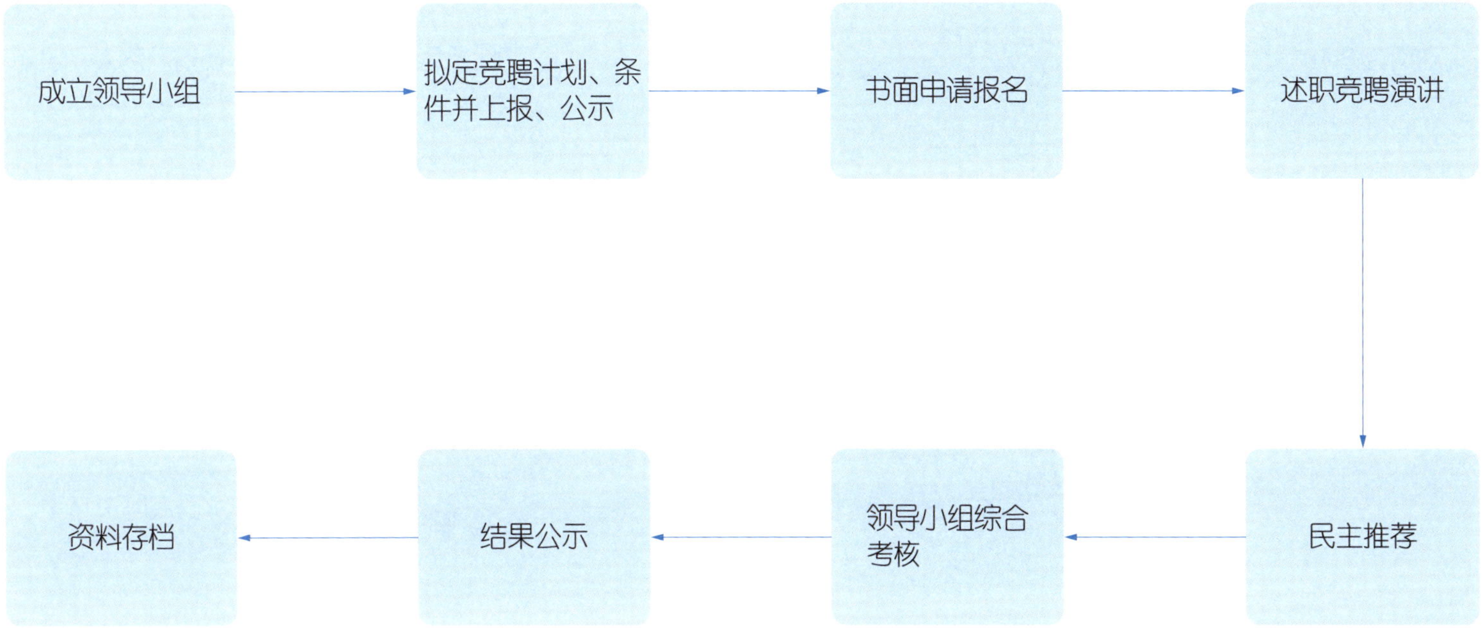

成立领导小组 → 拟定竞聘计划、条件并上报、公示 → 书面申请报名 → 述职竞聘演讲

资料存档 ← 结果公示 ← 领导小组综合考核 ← 民主推荐 ← 述职竞聘演讲

37．投诉处理流程

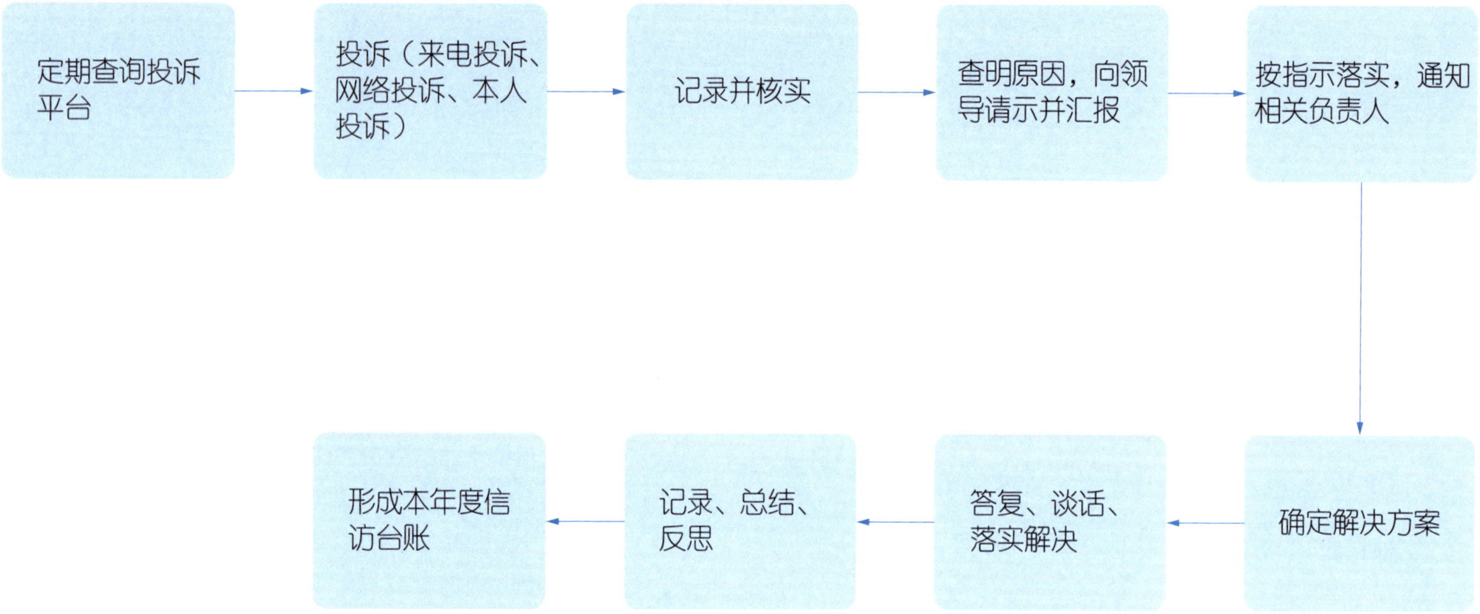

```
┌──────────┐     ┌──────────┐     ┌──────────┐     ┌──────────┐     ┌──────────┐
│ 定期查询投诉 │ ──> │ 投诉（来电投诉、│ ──> │          │ ──> │ 查明原因，向领 │ ──> │ 按指示落实，通知 │
│ 平台      │     │ 网络投诉、本人 │     │ 记录并核实  │     │ 导请示并汇报  │     │ 相关负责人    │
│          │     │ 投诉）    │     │          │     │          │     │          │
└──────────┘     └──────────┘     └──────────┘     └──────────┘     └──────────┘
                                                                          │
                                                                          ▼
┌──────────┐     ┌──────────┐     ┌──────────┐     ┌──────────┐
│ 形成本年度信 │ <── │ 记录、总结、 │ <── │ 答复、谈话、 │ <── │ 确定解决方案  │
│ 访台账     │     │ 反思      │     │ 落实解决    │     │          │
└──────────┘     └──────────┘     └──────────┘     └──────────┘
```

38. 证件管理及审核流程

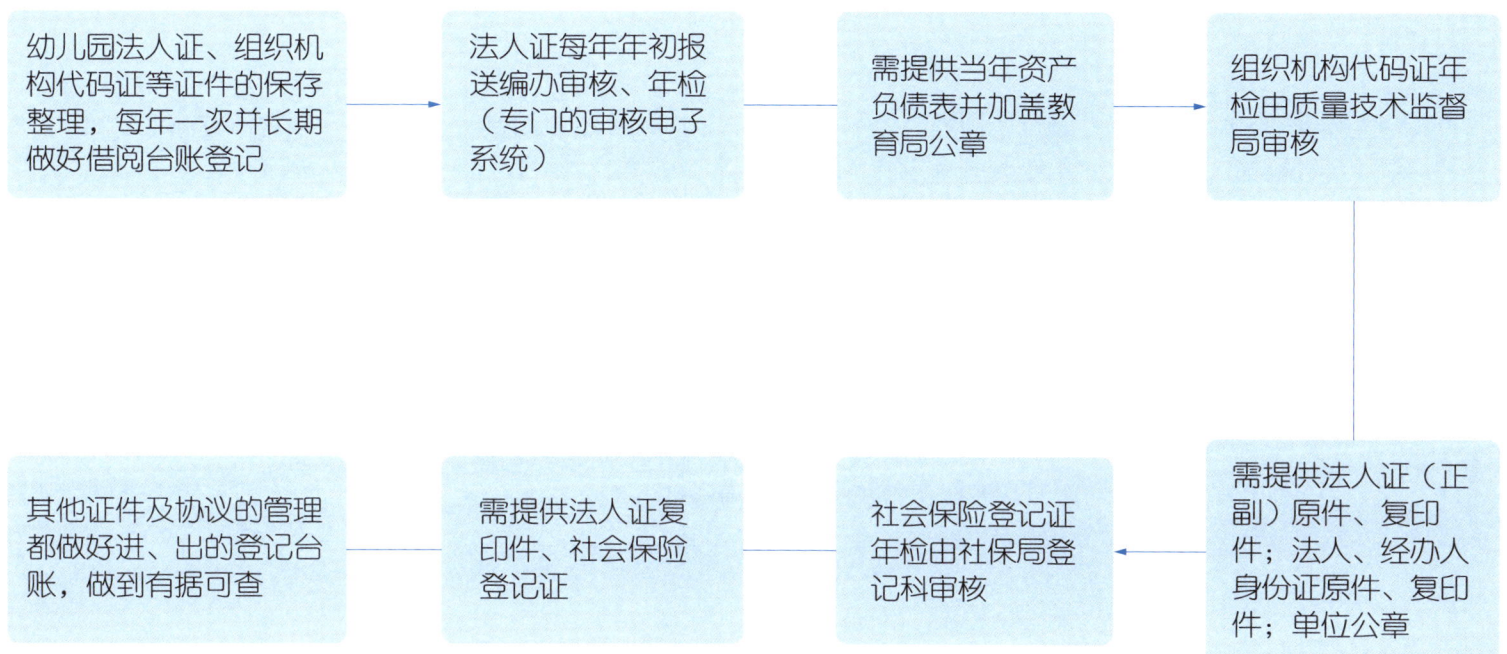

幼儿园法人证、组织机构代码证等证件的保存整理，每年一次并长期做好借阅台账登记

→

法人证每年年初报送编办审核、年检（专门的审核电子系统）

→

需提供当年资产负债表并加盖教育局公章

→

组织机构代码证年检由质量技术监督局审核

其他证件及协议的管理都做好进、出的登记台账，做到有据可查

←

需提供法人证复印件、社会保险登记证

←

社会保险登记证年检由社保局登记科审核

←

需提供法人证（正副）原件、复印件；法人、经办人身份证原件、复印件；单位公章

39. 教师档案建立工作流程

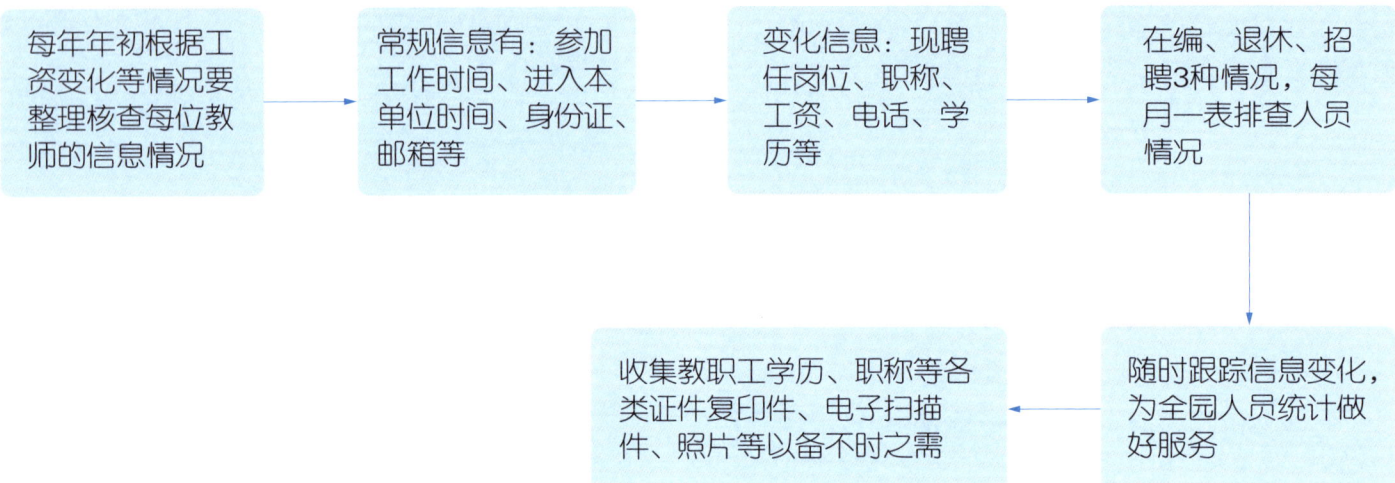

每年年初根据工资变化等情况要整理核查每位教师的信息情况

→

常规信息有：参加工作时间、进入本单位时间、身份证、邮箱等

→

变化信息：现聘任岗位、职称、工资、电话、学历等

→

在编、退休、招聘3种情况，每月一表排查人员情况

↓

收集教职工学历、职称等各类证件复印件、电子扫描件、照片等以备不时之需

←

随时跟踪信息变化，为全园人员统计做好服务

40．在编人员入职、离职、退休、调出手续办理工作流程

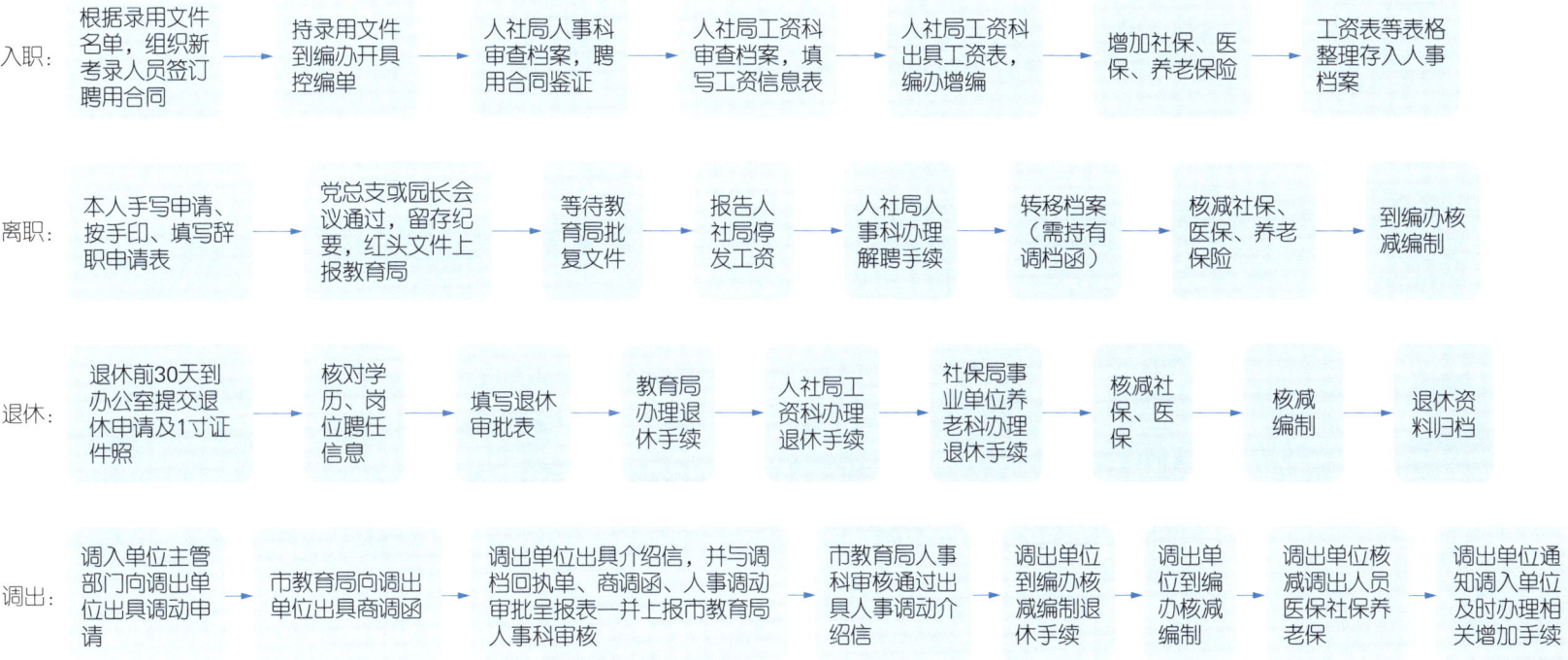

入职：

根据录用文件名单，组织新考录人员签订聘用合同 → 持录用文件到编办开具控编单 → 人社局人事科审查档案，聘用合同鉴证 → 人社局工资科审查档案，填写工资信息表 → 人社局工资科出具工资表，编办增编 → 增加社保、医保、养老保险 → 工资表等表格整理存入人事档案

离职：

本人手写申请、按手印、填写辞职申请表 → 党总支或园长会议通过，留存纪要，红头文件上报教育局 → 等待教育局批复文件 → 报告人社局停发工资 → 人社局人事科办理解聘手续 → 转移档案（需持有调档函） → 核减社保、医保、养老保险 → 到编办核减编制

退休：

退休前30天到办公室提交退休申请及1寸证件照 → 核对学历、岗位聘任信息 → 填写退休审批表 → 教育局办理退休手续 → 人社局工资科办理退休手续 → 社保局事业单位养老科办理退休手续 → 核减社保、医保 → 核减编制 → 退休资料归档

调出：

调入单位主管部门向调出单位出具调动申请 → 市教育局向调出单位出具商调函 → 调出单位出具介绍信，并与调档回执单、商调函、人事调动审批呈报表一并上报市教育局人事科审核 → 市教育局人事科审核通过出具人事调动介绍信 → 调出单位到编办核减编制退休手续 → 调出单位到编办核减编制 → 调出单位核减调出人员医保社保养老保 → 调出单位通知调入单位及时办理相关增加手续

41. 招聘人员入职、离职、退休手续办理工作流程

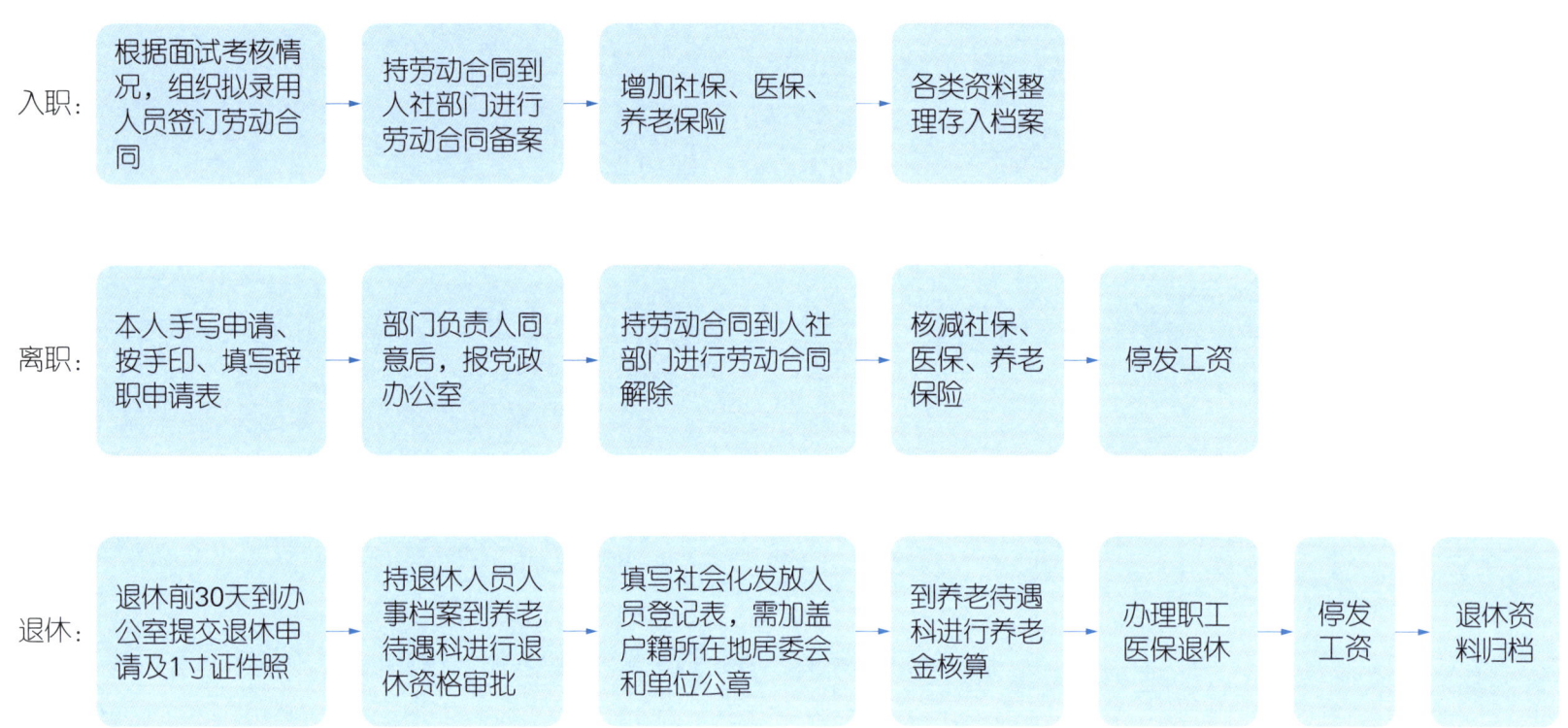

入职：

根据面试考核情况，组织拟录用人员签订劳动合同 → 持劳动合同到人社部门进行劳动合同备案 → 增加社保、医保、养老保险 → 各类资料整理存入档案

离职：

本人手写申请、按手印、填写辞职申请表 → 部门负责人同意后，报党政办公室 → 持劳动合同到人社部门进行劳动合同解除 → 核减社保、医保、养老保险 → 停发工资

退休：

退休前30天到办公室提交退休申请及1寸证件照 → 持退休人员人事档案到养老待遇科进行退休资格审批 → 填写社会化发放人员登记表，需加盖户籍所在地居委会和单位公章 → 到养老待遇科进行养老金核算 → 办理职工医保退休 → 停发工资 → 退休资料归档

42. 社保增减流程

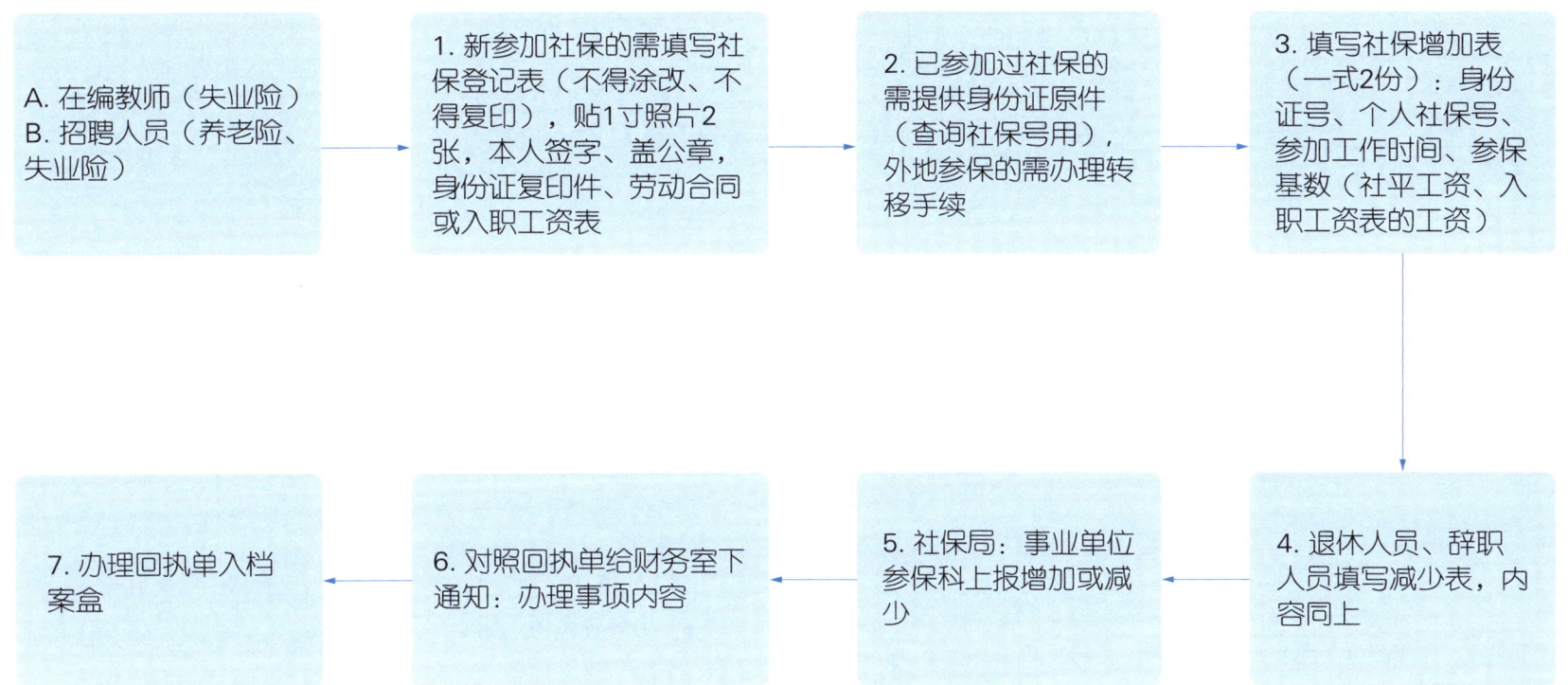

A. 在编教师（失业险）
B. 招聘人员（养老险、失业险）

→

1. 新参加社保的需填写社保登记表（不得涂改、不得复印），贴1寸照片2张，本人签字、盖公章，身份证复印件、劳动合同或入职工资表

→

2. 已参加过社保的需提供身份证原件（查询社保号用），外地参保的需办理转移手续

→

3. 填写社保增加表（一式2份）：身份证号、个人社保号、参加工作时间、参保基数（社平工资、入职工资表的工资）

7. 办理回执单入档案盒

←

6. 对照回执单给财务室下通知：办理事项内容

←

5. 社保局：事业单位参保科上报增加或减少

←

4. 退休人员、辞职人员填写减少表，内容同上

43. 医保增减和异地报销流程

A. 在编教师
B. 招聘人员（工伤、生育险）

1. 新参加社保的、已参加过社保的都需填写医保增加表，需提供身份证原件（查询医保号用），外地参保的需先办理转移手续

2. 填写医保增加表一式2份：身份证号、个人医保号、参加工作时间、参保基数（社平工资、入职工资表的工资）、劳动合同

3. 辞职人员、退休人员填写减少表，同时退休人员办理大病医疗险，并填写增加表

备注：享受医保退休待遇为女性交费25年以上，男性交费30年以上才可享受

6. 办理回执单入档案盒

5. 对照回执单给财务室下通知：办理事项内容

4. 医保中心：事业单位参保科上报增加或减少

教职工退休后在异地生活生病后需要报销的手续：按照医保中心要求提供门诊或住院报销所需材料

将本人身份证复印件和所有报销材料邮寄至办公室

代办人需持有单位证明及身份证（复印件）上交材料至医保中心进行审核，等待报销结果

报销费用领回后由财务室帮助将费用转账、电汇给异地退休教职工

48

44．住房档案建档和补贴核算流程

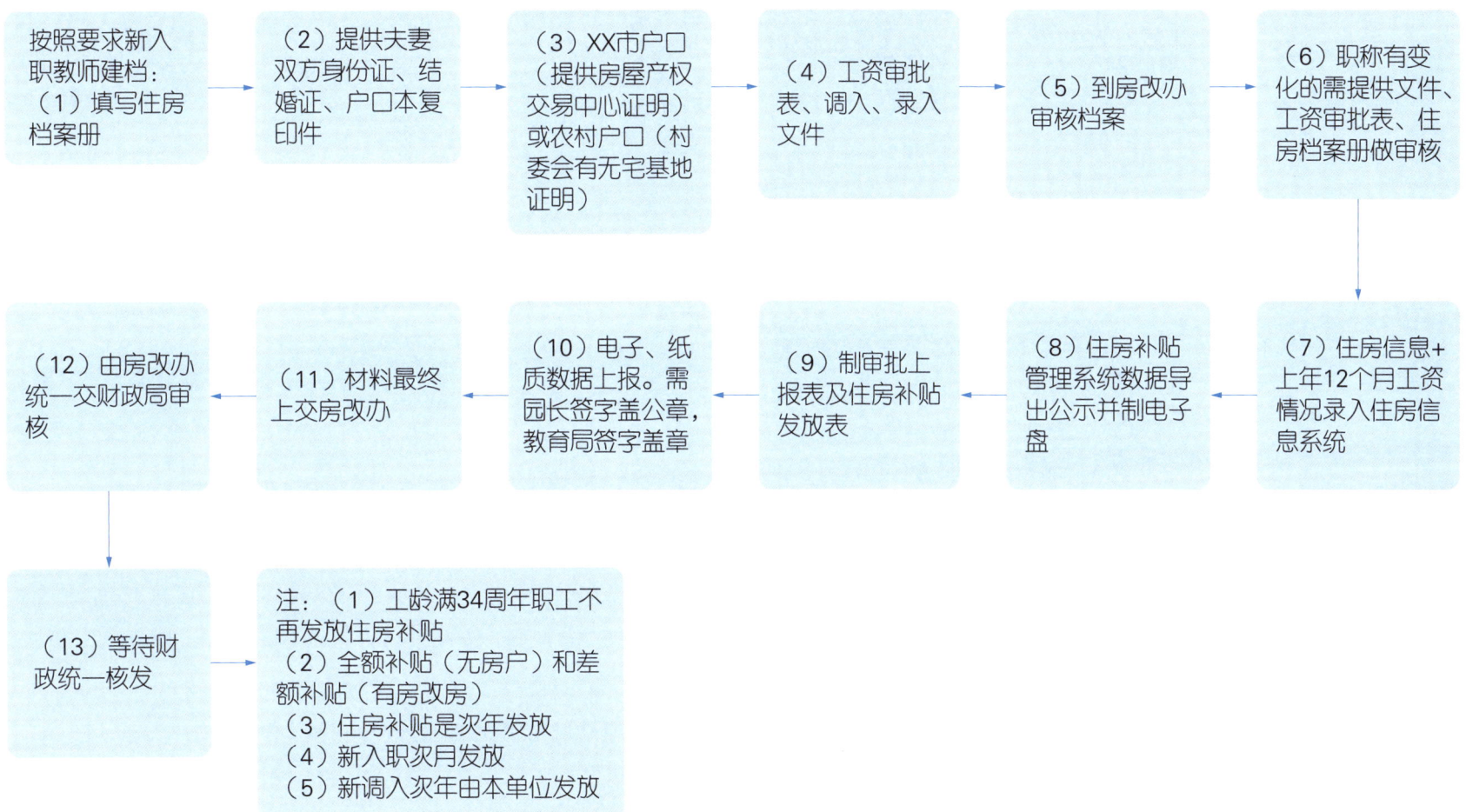

按照要求新入职教师建档：（1）填写住房档案册 → （2）提供夫妻双方身份证、结婚证、户口本复印件 → （3）XX市户口（提供房屋产权交易中心证明）或农村户口（村委会有无宅基地证明） → （4）工资审批表、调入、录入文件 → （5）到房改办审核档案 → （6）职称有变化的需提供文件、工资审批表、住房档案册做审核

（12）由房改办统一交财政局审核 ← （11）材料最终上交房改办 ← （10）电子、纸质数据上报。需园长签字盖公章，教育局签字盖章 ← （9）制审批上报表及住房补贴发放表 ← （8）住房补贴管理系统数据导出公示并制电子盘 ← （7）住房信息+上年12个月工资情况录入住房信息系统

（13）等待财政统一核发

注：（1）工龄满34周年职工不再发放住房补贴
（2）全额补贴（无房户）和差额补贴（有房改房）
（3）住房补贴是次年发放
（4）新入职次月发放
（5）新调入次年由本单位发放

45．工伤速报及鉴定流程

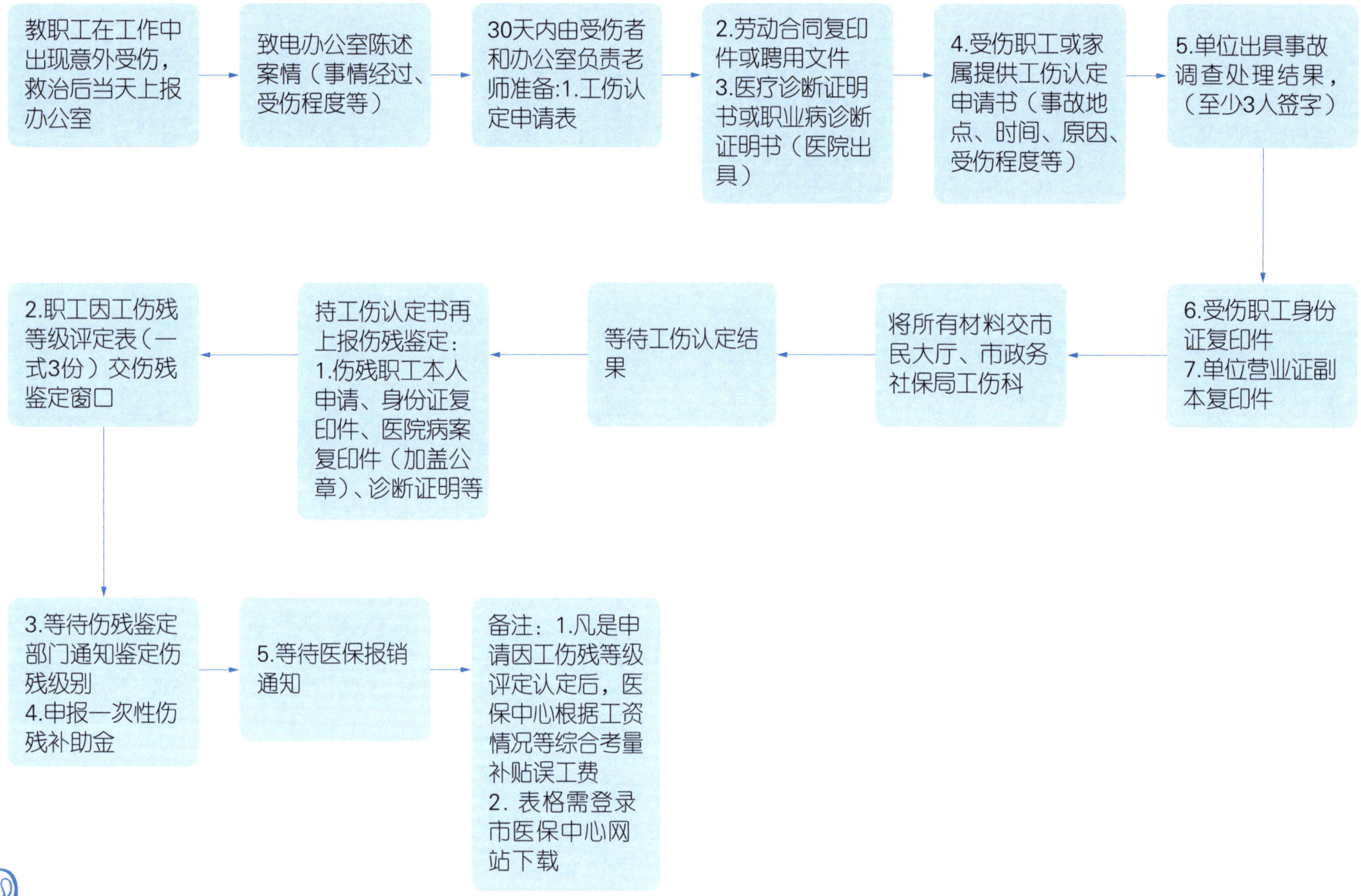

教职工在工作中出现意外受伤，救治后当天上报办公室 → 致电办公室陈述案情（事情经过、受伤程度等） → 30天内由受伤者和办公室负责老师准备:1.工伤认定申请表 → 2.劳动合同复印件或聘用文件 3.医疗诊断证明书或职业病诊断证明书（医院出具） → 4.受伤职工或家属提供工伤认定申请书（事故地点、时间、原因、受伤程度等） → 5.单位出具事故调查处理结果，（至少3人签字）

6.受伤职工身份证复印件 7.单位营业证副本复印件 ← 将所有材料交市民大厅、市政务社保局工伤科 ← 等待工伤认定结果 ← 持工伤认定书再上报伤残鉴定：1.伤残职工本人申请、身份证复印件、医院病案复印件（加盖公章）、诊断证明等 ← 2.职工因工伤残等级评定表（一式3份）交伤残鉴定窗口

3.等待伤残鉴定部门通知鉴定伤残级别 4.申报一次性伤残补助金 → 5.等待医保报销通知 → 备注：1.凡是申请因工伤残等级评定认定后，医保中心根据工资情况等综合考量补贴误工费 2.表格需登录市医保中心网站下载

50

46. 校方责任险办理工作流程

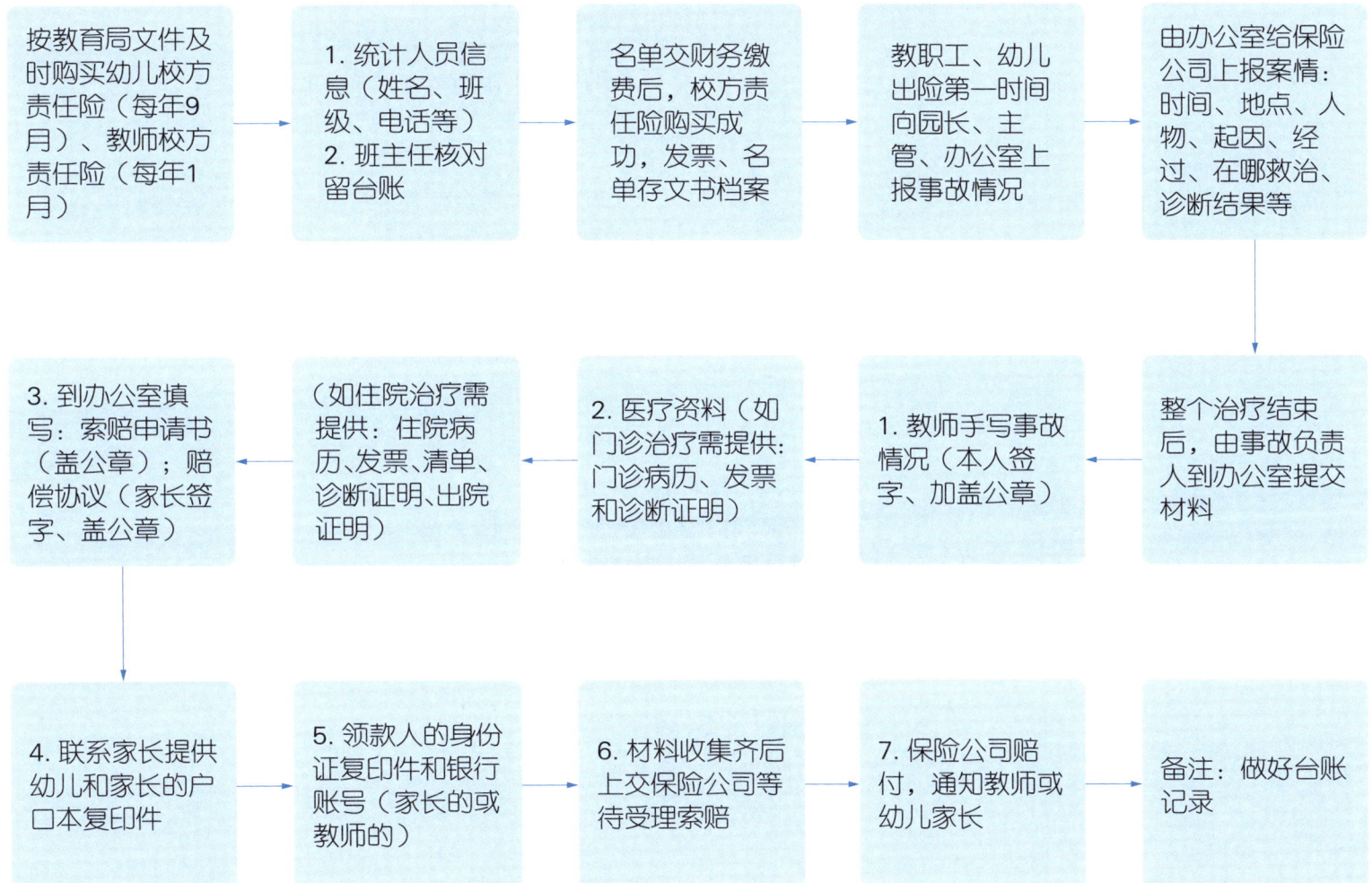

按教育局文件及时购买幼儿校方责任险（每年9月）、教师校方责任险（每年1月）

1. 统计人员信息（姓名、班级、电话等）
2. 班主任核对留台账

名单交财务缴费后，校方责任险购买成功，发票、名单存文书档案

教职工、幼儿出险第一时间向园长、主管、办公室上报事故情况

由办公室给保险公司上报案情：时间、地点、人物、起因、经过、在哪救治、诊断结果等

3. 到办公室填写：索赔申请书（盖公章）；赔偿协议（家长签字、盖公章）

（如住院治疗需提供：住院病历、发票、清单、诊断证明、出院证明）

2. 医疗资料（如门诊治疗需提供：门诊病历、发票和诊断证明）

1. 教师手写事故情况（本人签字、加盖公章）

整个治疗结束后，由事故负责人到办公室提交材料

4. 联系家长提供幼儿和家长的户口本复印件

5. 领款人的身份证复印件和银行账号（家长的或教师的）

6. 材料收集齐后上交保险公司等待受理索赔

7. 保险公司赔付，通知教师或幼儿家长

备注：做好台账记录

47. 教职工请假流程

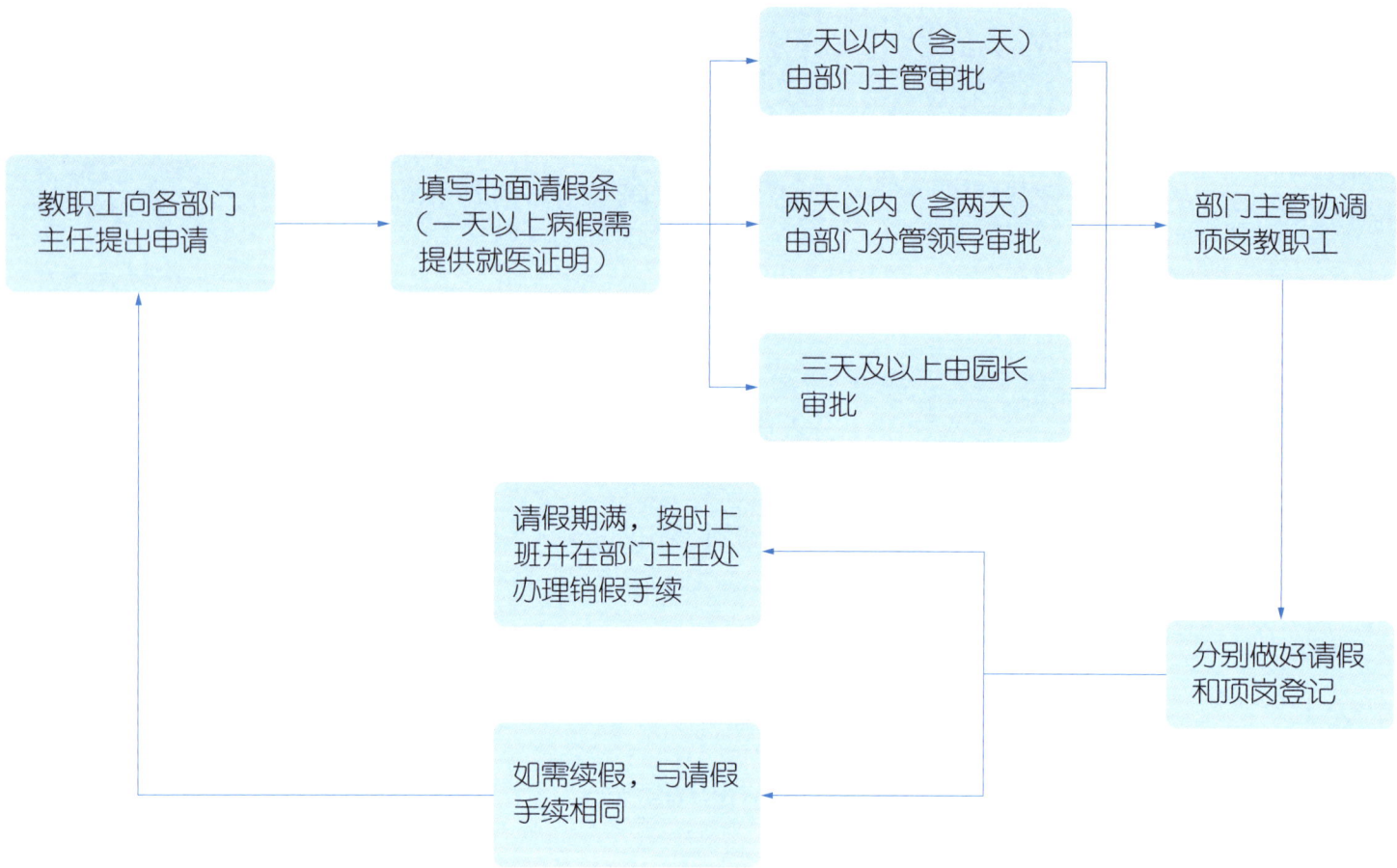

教职工向各部门主任提出申请 → 填写书面请假条（一天以上病假需提供就医证明）

一天以内（含一天）由部门主管审批

两天以内（含两天）由部门分管领导审批

三天及以上由园长审批

部门主管协调顶岗教职工

分别做好请假和顶岗登记

请假期满，按时上班并在部门主任处办理销假手续

如需续假，与请假手续相同

48. 妇女休产假手续办理工作流程

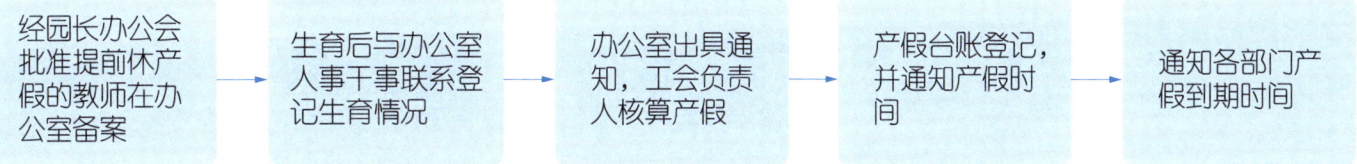

经园长办公会批准提前休产假的教师在办公室备案 → 生育后与办公室人事干事联系登记生育情况 → 办公室出具通知，工会负责人核算产假 → 产假台账登记，并通知产假时间 → 通知各部门产假到期时间

49. 档案收集流程

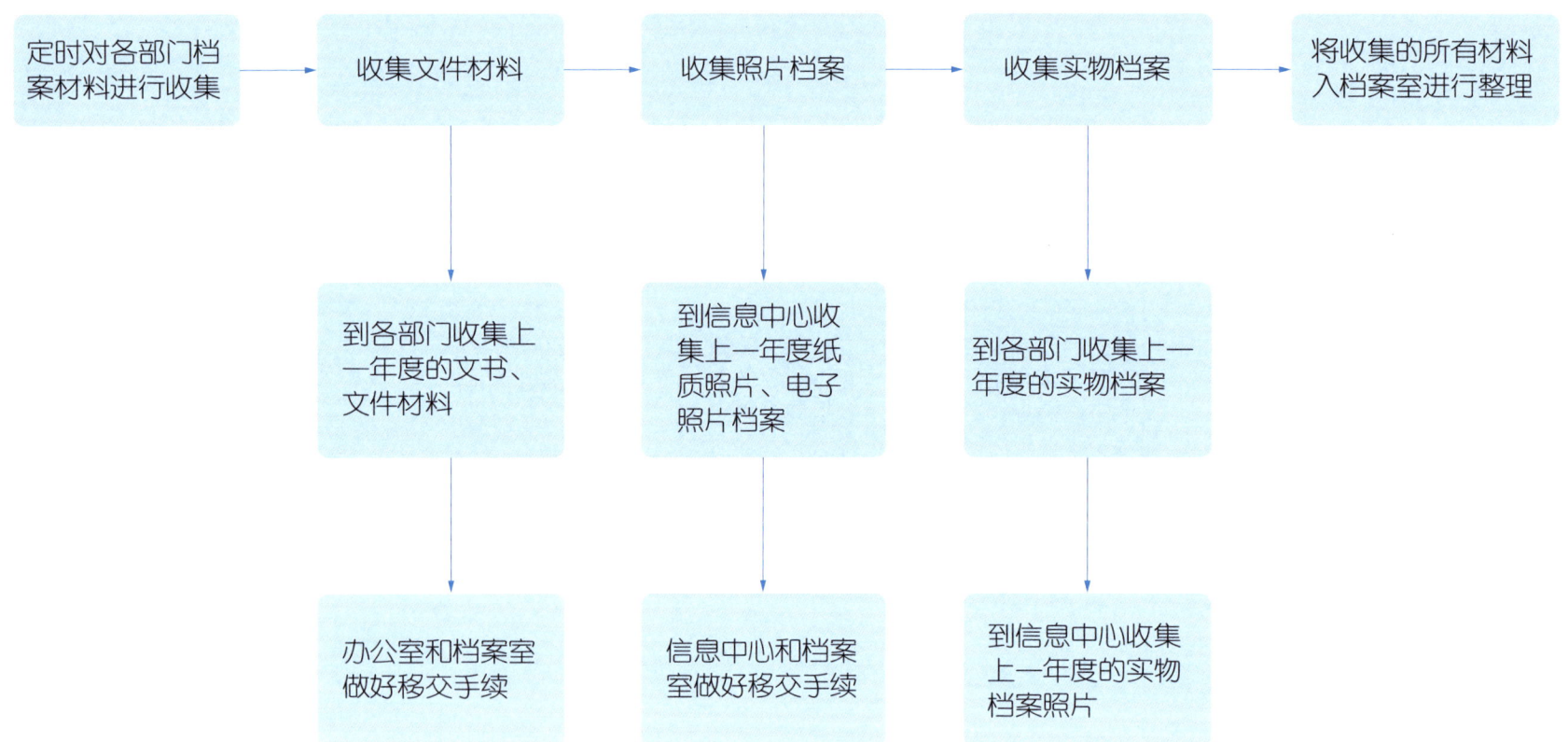

定时对各部门档案材料进行收集 → 收集文件材料 → 收集照片档案 → 收集实物档案 → 将收集的所有材料入档案室进行整理

收集文件材料 ↓ 到各部门收集上一年度的文书、文件材料 ↓ 办公室和档案室做好移交手续

收集照片档案 ↓ 到信息中心收集上一年度纸质照片、电子照片档案 ↓ 信息中心和档案室做好移交手续

收集实物档案 ↓ 到各部门收集上一年度的实物档案 ↓ 到信息中心收集上一年度的实物档案照片

50. 档案鉴定流程

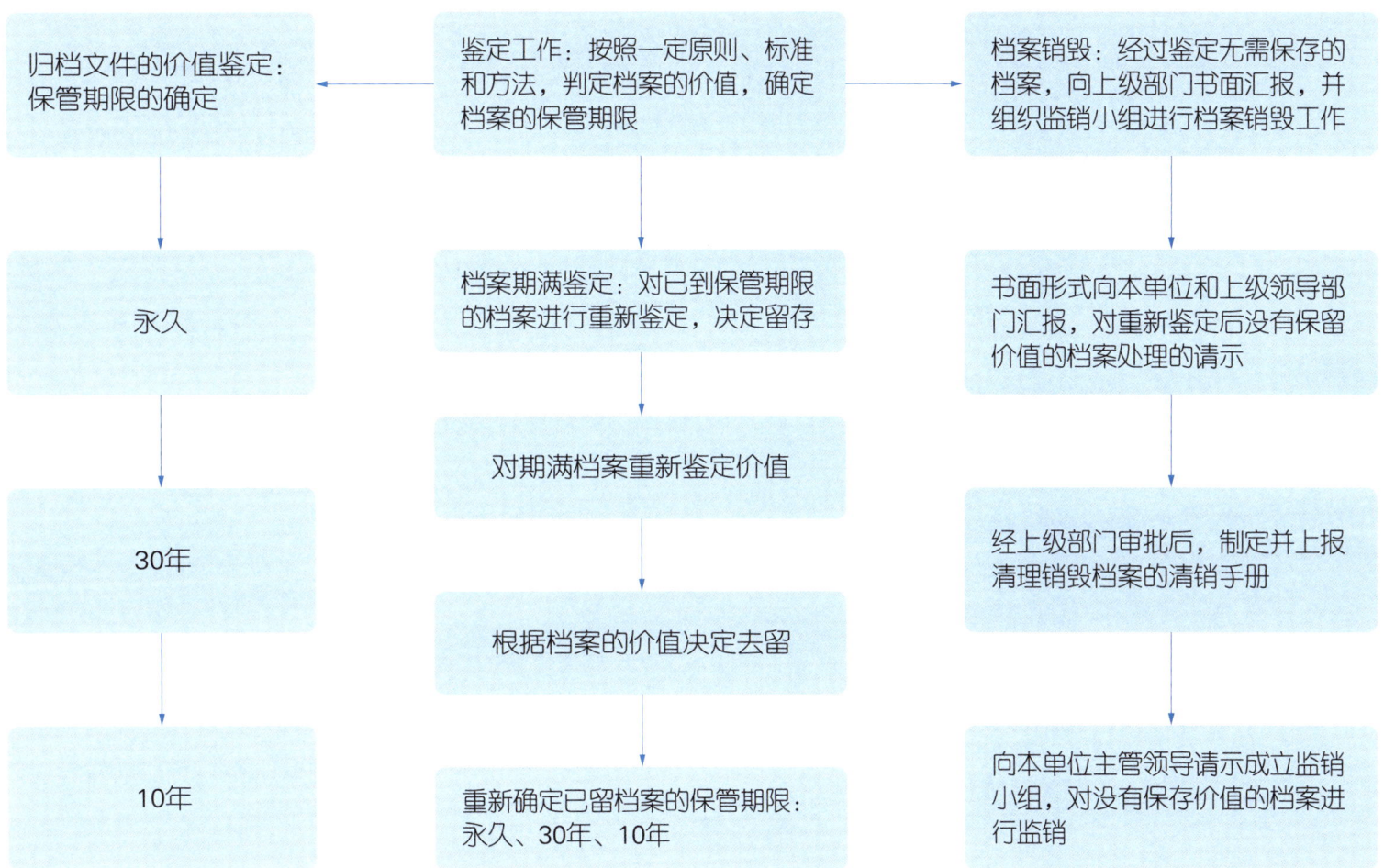

归档文件的价值鉴定：保管期限的确定

鉴定工作：按照一定原则、标准和方法，判定档案的价值，确定档案的保管期限

档案销毁：经过鉴定无需保存的档案，向上级部门书面汇报，并组织监销小组进行档案销毁工作

永久

档案期满鉴定：对已到保管期限的档案进行重新鉴定，决定留存

书面形式向本单位和上级领导部门汇报，对重新鉴定后没有保留价值的档案处理的请示

30年

对期满档案重新鉴定价值

经上级部门审批后，制定并上报清理销毁档案的清销手册

10年

根据档案的价值决定去留

向本单位主管领导请示成立监销小组，对没有保存价值的档案进行监销

重新确定已留档案的保管期限：永久、30年、10年

51. 档案资格审定流程

第一阶段：遵循"以我为主"的原则，对文件能否转化为档案进行审定、择选，确定其是否属于归档范围，剔除失去保存价值的文件材料

资格审定：对所有文件材料能否归档进行"资格审定"工作

第二阶段：对进入归档范围的文件材料，根据日后保存中可能产生的不同作用来确定档案的"生存期"，确定应保存的年限

择选有保存价值的文件材料、照片档案、实物档案进行归档

确定留存档案的生存期：永久、30年、10年

剔除不归档的文件材料、照片档案、实物档案，并将其归还各部门留存为资料

对失去保存价值的档案（或到期档案）予以剔除

52. 档案整理流程

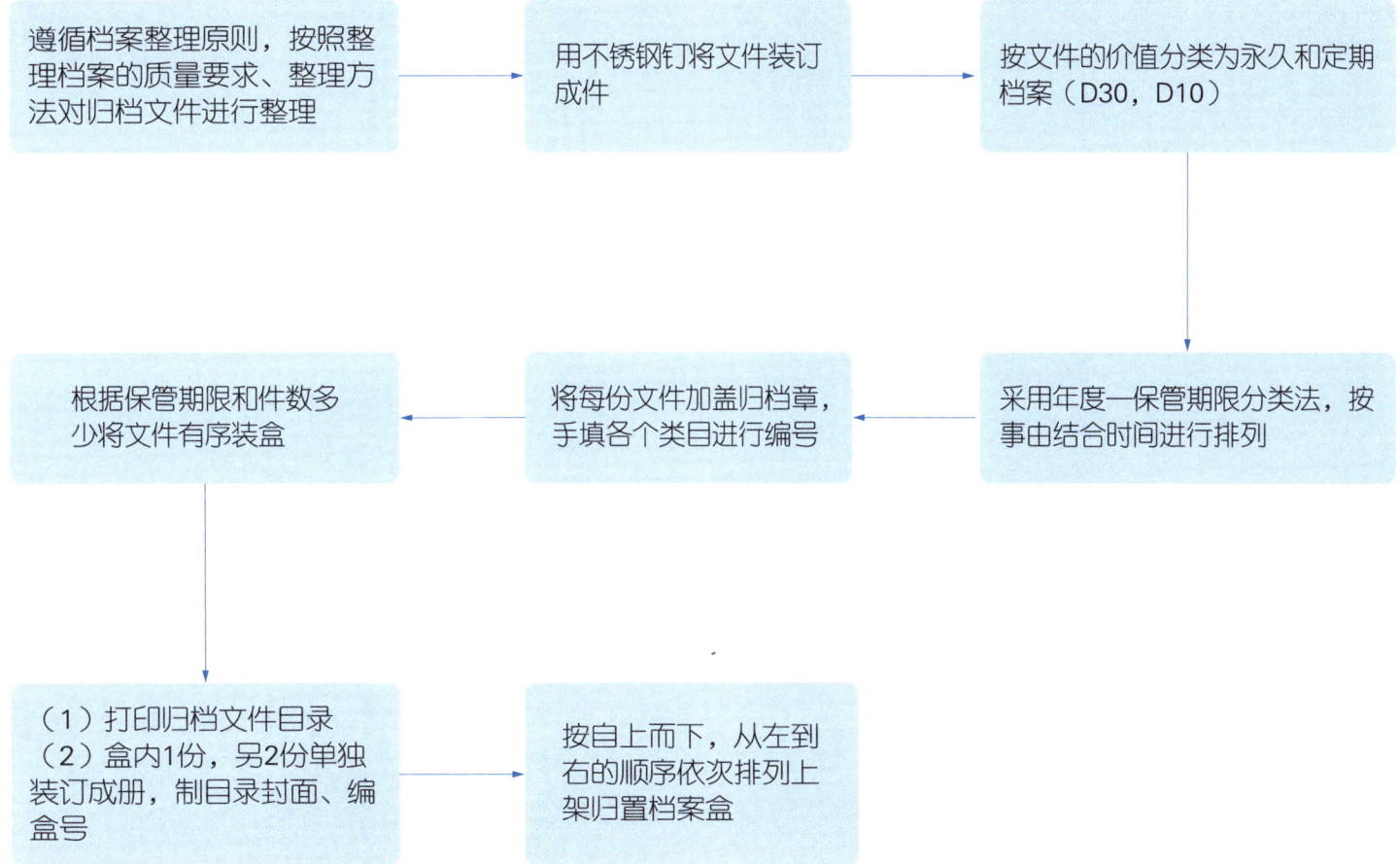

遵循档案整理原则，按照整理档案的质量要求、整理方法对归档文件进行整理

→

用不锈钢钉将文件装订成件

→

按文件的价值分类为永久和定期档案（D30，D10）

根据保管期限和件数多少将文件有序装盒

←

将每份文件加盖归档章，手填各个类目进行编号

←

采用年度—保管期限分类法，按事由结合时间进行排列

（1）打印归档文件目录
（2）盒内1份，另2份单独装订成册，制目录封面、编盒号

→

按自上而下，从左到右的顺序依次排列上架归置档案盒

53. 电子档案录入流程

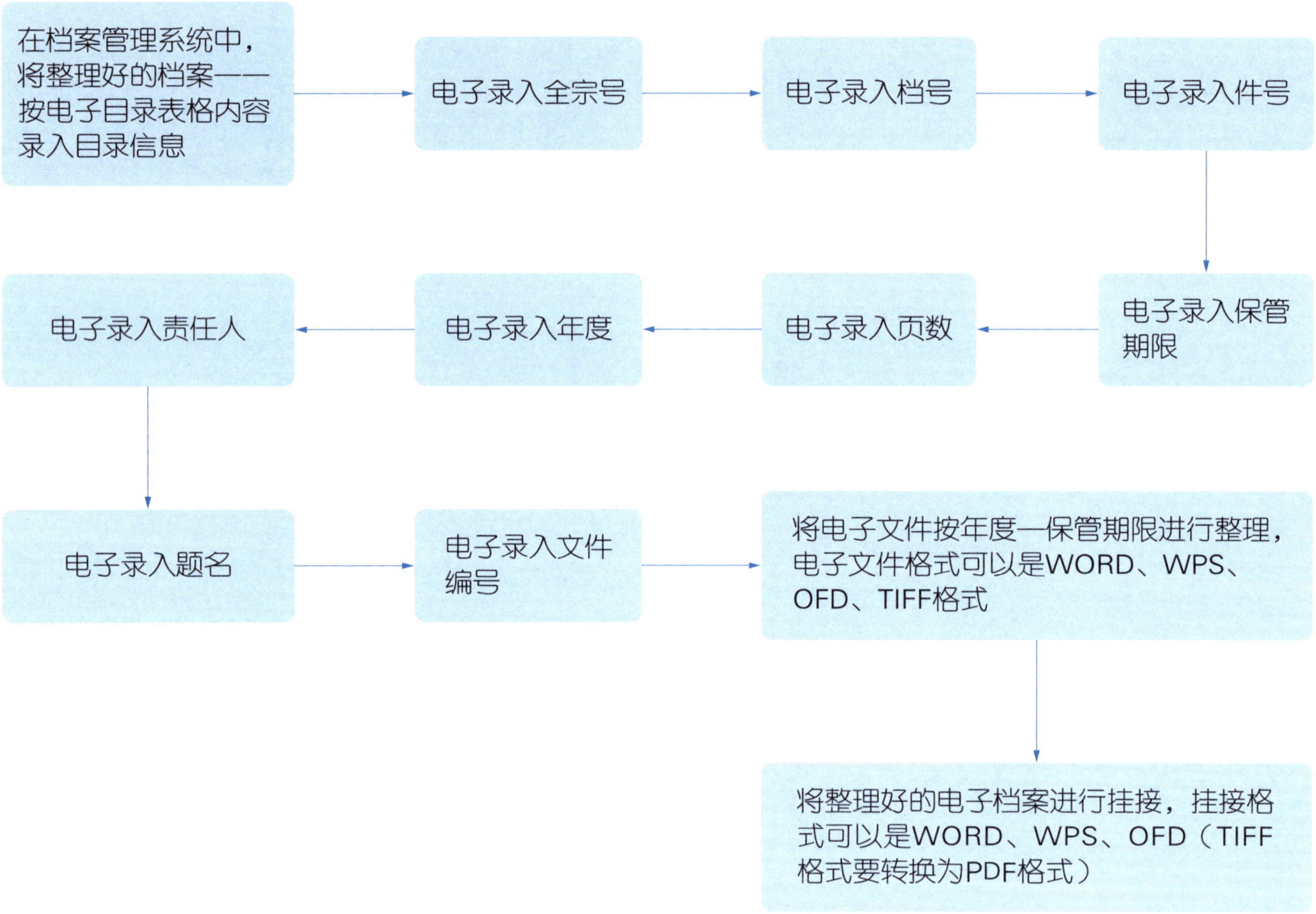

在档案管理系统中，将整理好的档案——按电子目录表格内容录入目录信息 → 电子录入全宗号 → 电子录入档号 → 电子录入件号

电子录入责任人 ← 电子录入年度 ← 电子录入页数 ← 电子录入保管期限

电子录入题名 → 电子录入文件编号 → 将电子文件按年度—保管期限进行整理，电子文件格式可以是WORD、WPS、OFD、TIFF格式

将整理好的电子档案进行挂接，挂接格式可以是WORD、WPS、OFD（TIFF格式要转换为PDF格式）

54. 档案归档章填写流程

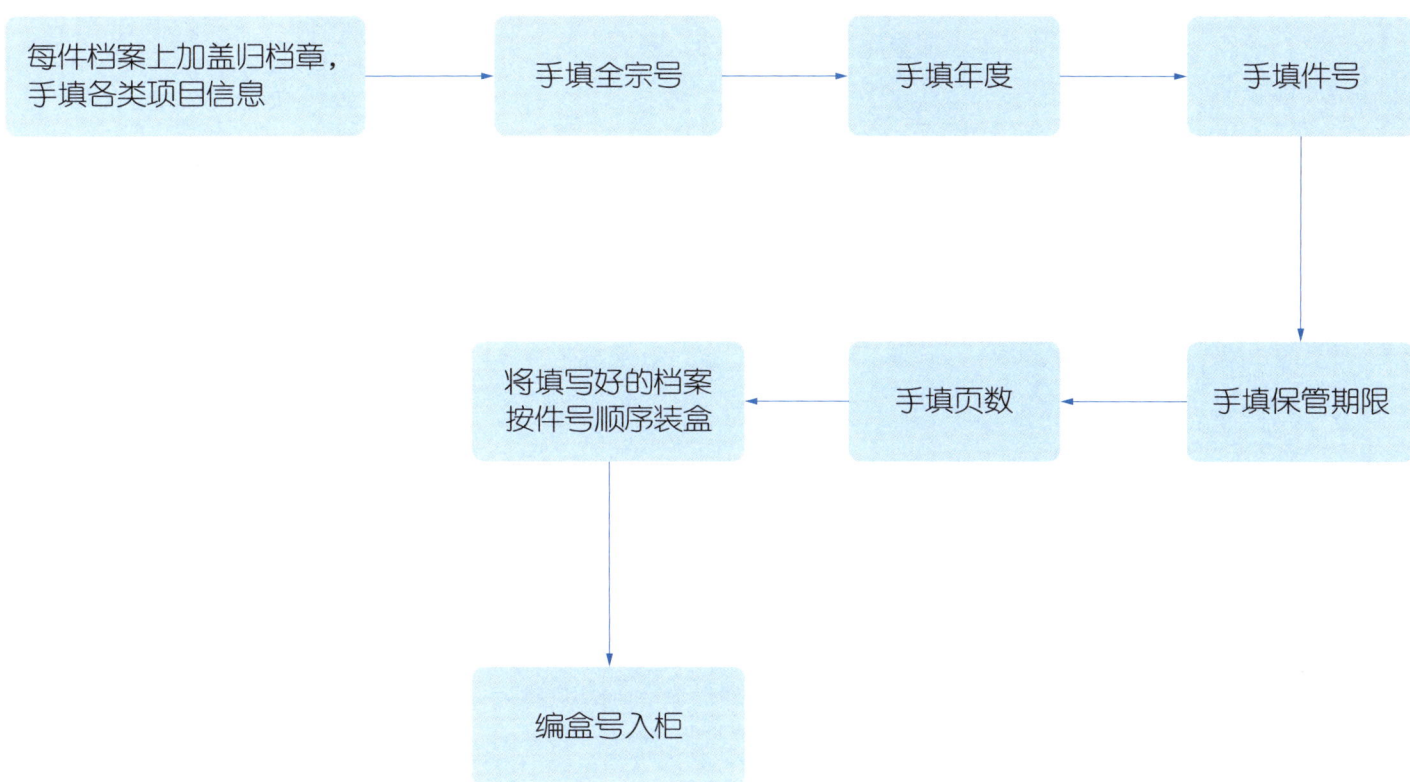

每件档案上加盖归档章，手填各类项目信息 → 手填全宗号 → 手填年度 → 手填件号 → 手填保管期限 → 手填页数 → 将填写好的档案按件号顺序装盒 → 编盒号入柜

55．生活用品采购及配发流程

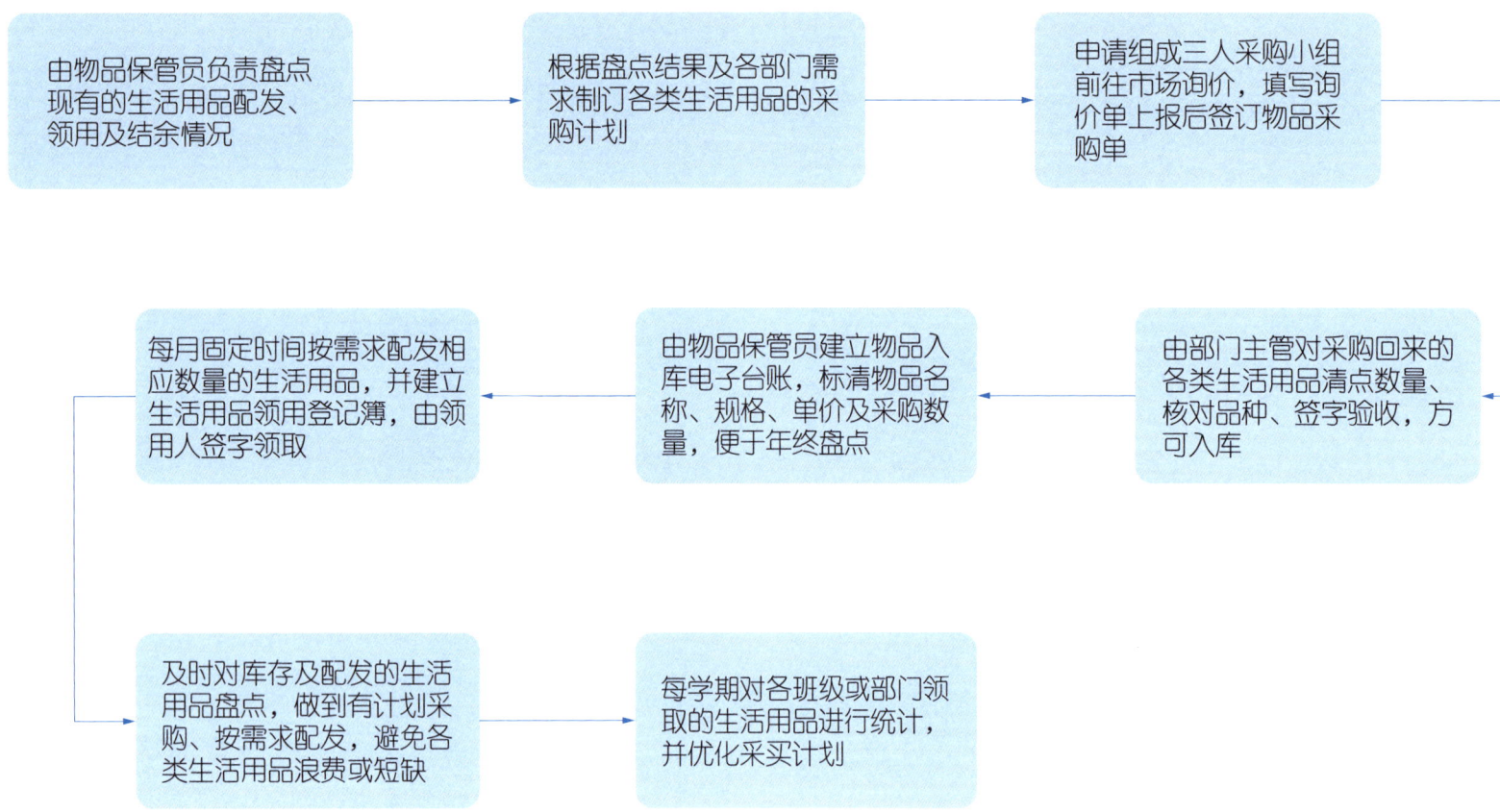

由物品保管员负责盘点现有的生活用品配发、领用及结余情况

→

根据盘点结果及各部门需求制订各类生活用品的采购计划

→

申请组成三人采购小组前往市场询价，填写询价单上报后签订物品采购单

每月固定时间按需求配发相应数量的生活用品，并建立生活用品领用登记簿，由领用人签字领取

←

由物品保管员建立物品入库电子台账，标清物品名称、规格、单价及采购数量，便于年终盘点

←

由部门主管对采购回来的各类生活用品清点数量、核对品种、签字验收，方可入库

及时对库存及配发的生活用品盘点，做到有计划采购、按需求配发，避免各类生活用品浪费或短缺

→

每学期对各班级或部门领取的生活用品进行统计，并优化采买计划

模块四

幼儿园保育教育

工作流程

56. 开学准备工作流程

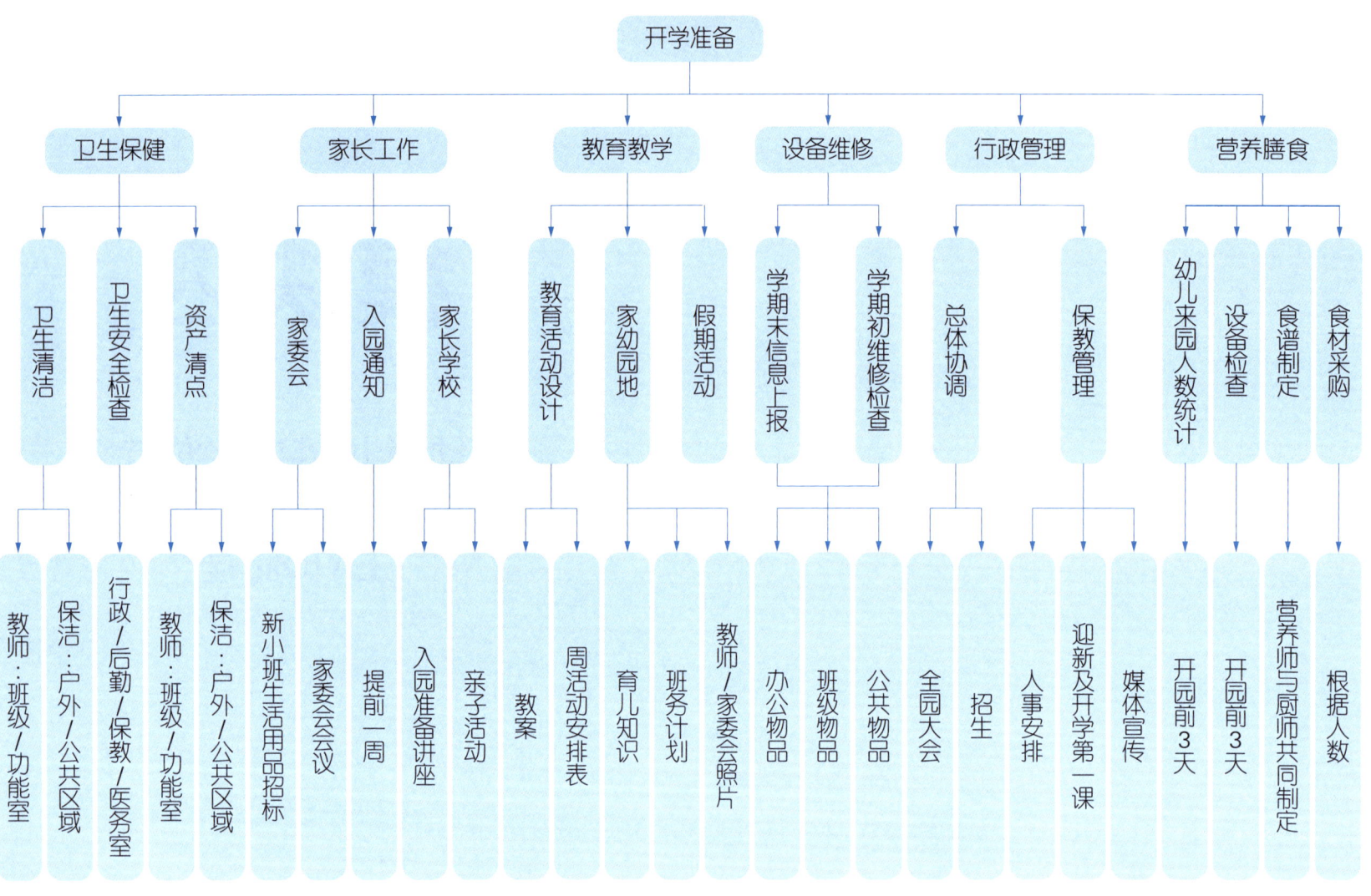

开学准备

- 卫生保健
  - 卫生清洁
    - 教师：班级/功能室
    - 保洁：户外/公共区域
  - 卫生安全检查
    - 行政/后勤/保教/医务室
  - 资产清点
    - 教师：班级/功能室
    - 保洁：户外/公共区域
- 家长工作
  - 家委会
    - 新小班生活用品招标
    - 家委会会议
  - 入园通知
    - 提前一周
  - 家长学校
    - 入园准备讲座
    - 亲子活动
- 教育教学
  - 教育活动设计
    - 教案
  - 家幼园地
    - 周活动安排表
    - 育儿知识
  - 假期活动
    - 班务计划
    - 教师/家委会照片
- 设备维修
  - 学期末信息上报
    - 办公物品
    - 班级物品
    - 公共物品
  - 学期初维修检查
- 行政管理
  - 总体协调
    - 全园大会
    - 招生
    - 人事安排
  - 保教管理
    - 迎新及开学第一课
    - 媒体宣传
- 营养膳食
  - 幼儿来园人数统计
    - 开园前3天
  - 设备检查
    - 开园前3天
  - 食谱制定
    - 营养师与厨师共同制定
  - 食材采购
    - 根据人数

62

57. 全园卫生检查工作流程

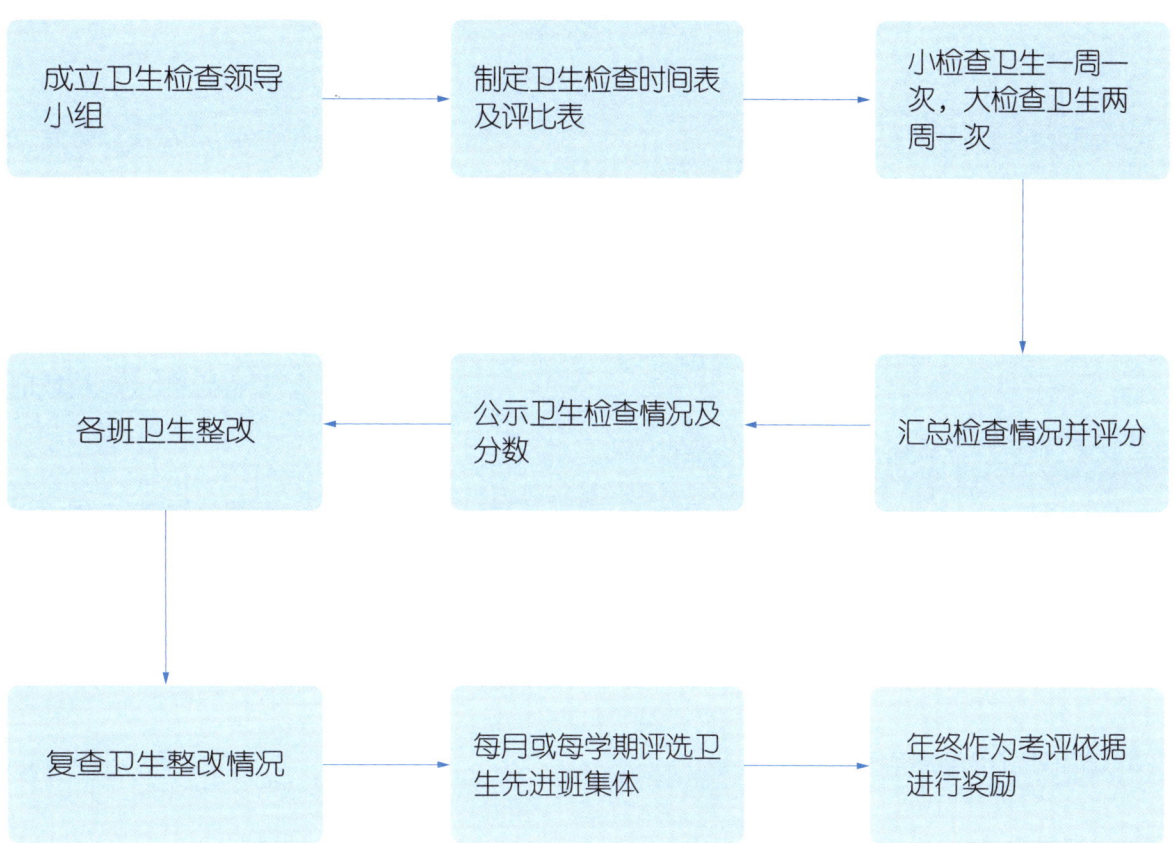

成立卫生检查领导小组 → 制定卫生检查时间表及评比表 → 小检查卫生一周一次，大检查卫生两周一次

汇总检查情况并评分 → 公示卫生检查情况及分数 → 各班卫生整改

复查卫生整改情况 → 每月或每学期评选卫生先进班集体 → 年终作为考评依据进行奖励

58. 幼儿带量食谱制定、调查工作流程

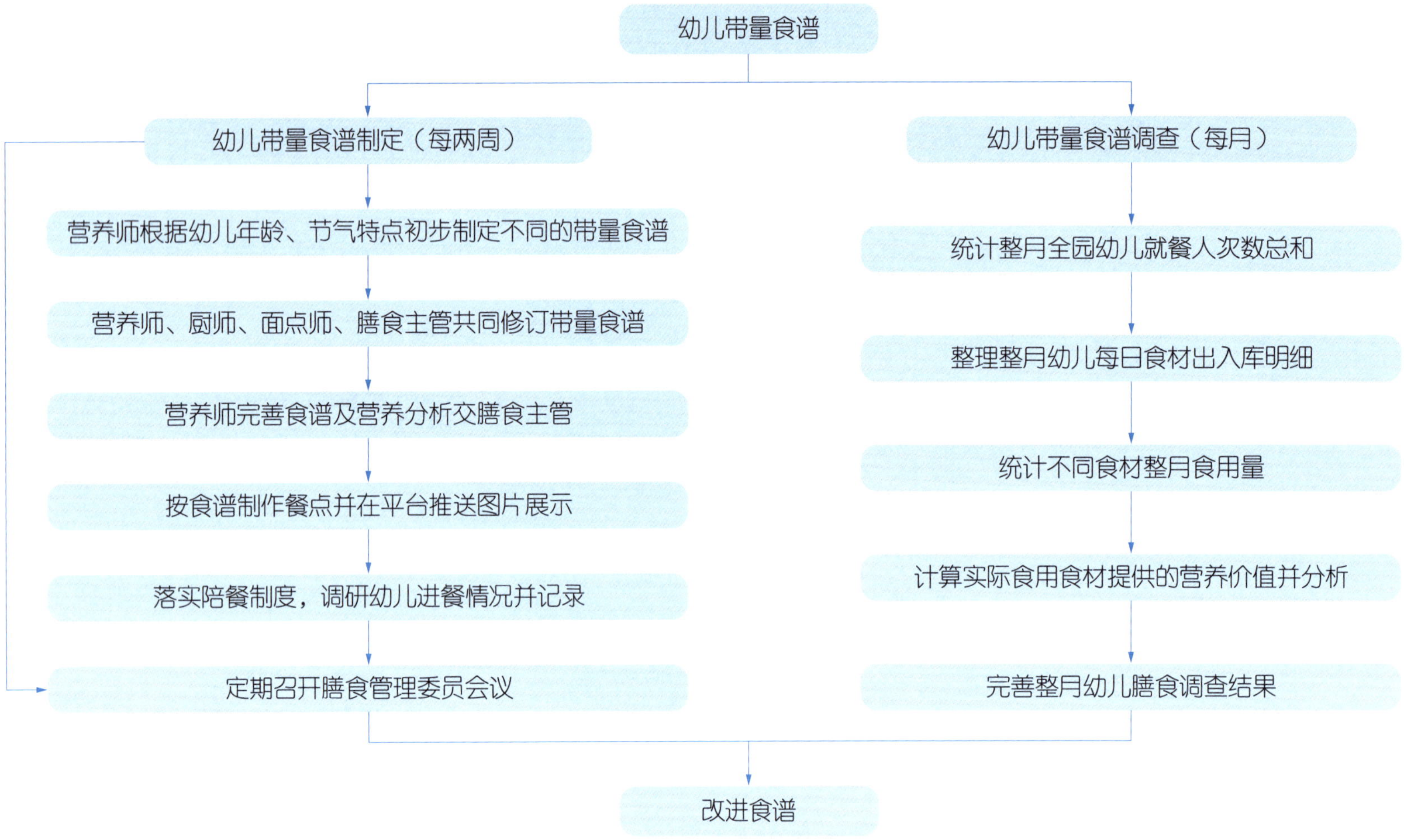

幼儿带量食谱

幼儿带量食谱制定（每两周）

营养师根据幼儿年龄、节气特点初步制定不同的带量食谱

营养师、厨师、面点师、膳食主管共同修订带量食谱

营养师完善食谱及营养分析交膳食主管

按食谱制作餐点并在平台推送图片展示

落实陪餐制度，调研幼儿进餐情况并记录

定期召开膳食管理委员会议

幼儿带量食谱调查（每月）

统计整月全园幼儿就餐人次数总和

整理整月幼儿每日食材出入库明细

统计不同食材整月食用量

计算实际食用食材提供的营养价值并分析

完善整月幼儿膳食调查结果

改进食谱

59. 传染病防控工作流程

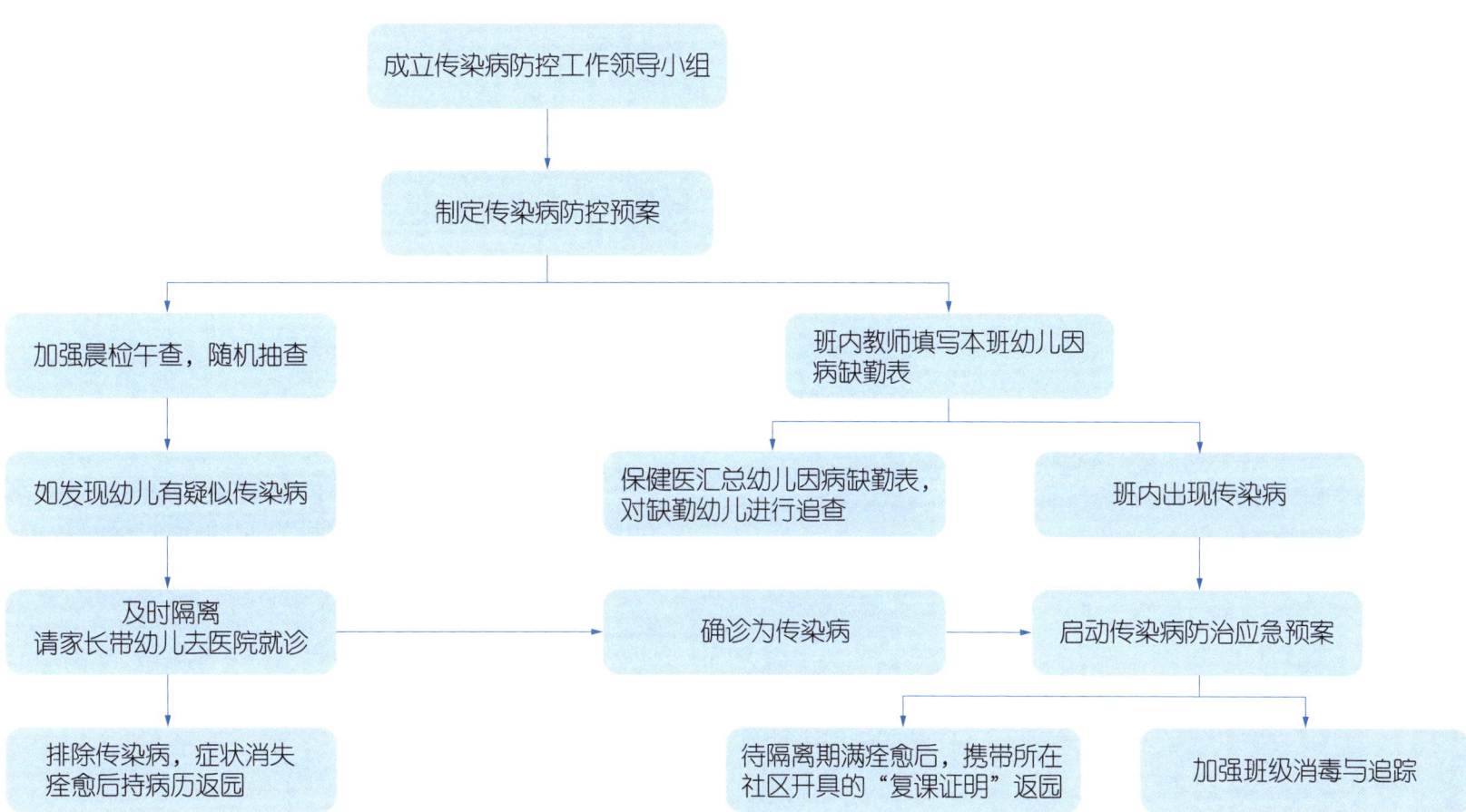

成立传染病防控工作领导小组

制定传染病防控预案

加强晨检午查，随机抽查

班内教师填写本班幼儿因病缺勤表

如发现幼儿有疑似传染病

保健医汇总幼儿因病缺勤表，对缺勤幼儿进行追查

班内出现传染病

及时隔离
请家长带幼儿去医院就诊

确诊为传染病

启动传染病防治应急预案

排除传染病，症状消失痊愈后持病历返园

待隔离期满痊愈后，携带所在社区开具的"复课证明"返园

加强班级消毒与追踪

60. 消毒工作流程

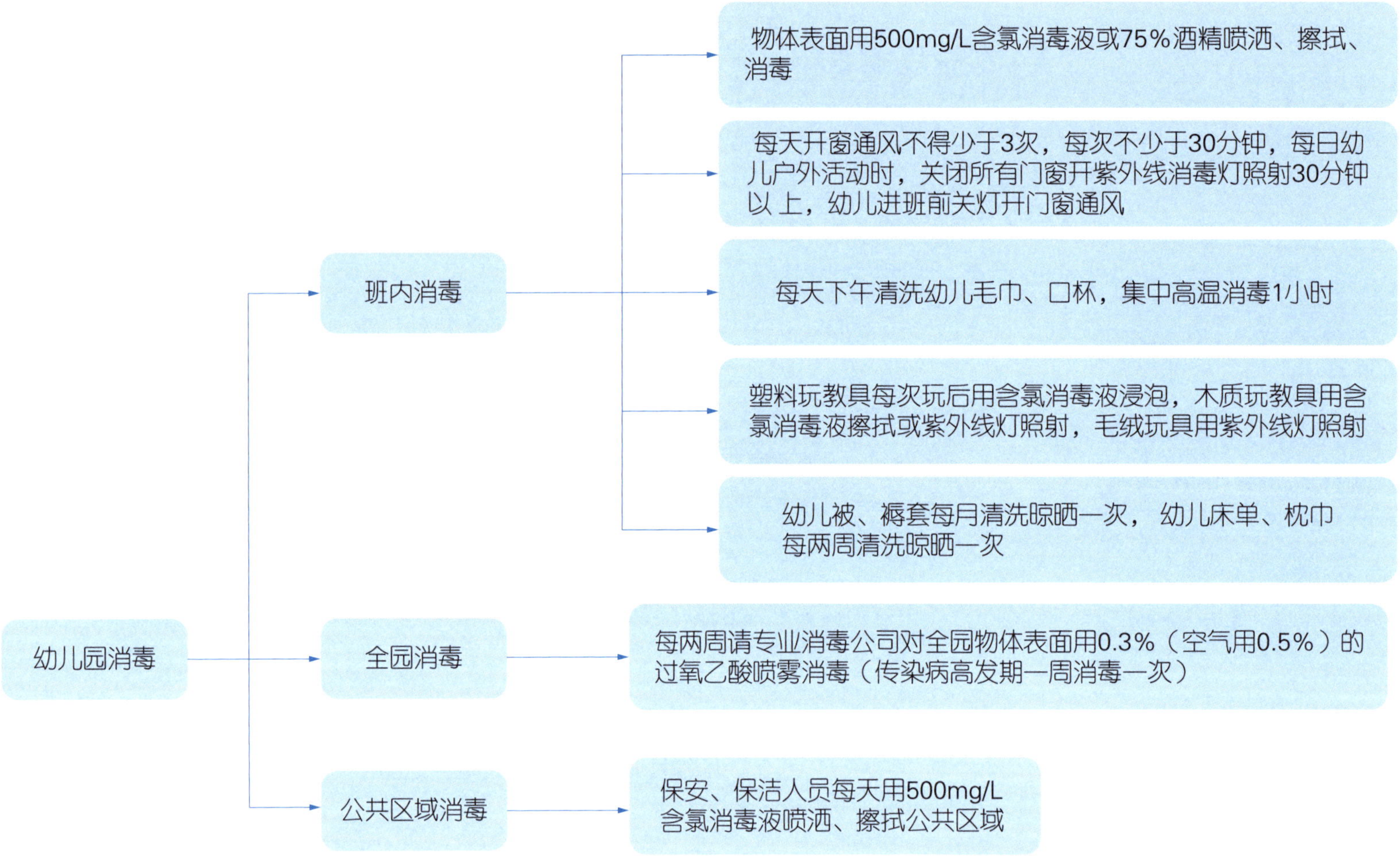

幼儿园消毒

班内消毒
- 物体表面用500mg/L含氯消毒液或75％酒精喷洒、擦拭、消毒
- 每天开窗通风不得少于3次，每次不少于30分钟，每日幼儿户外活动时，关闭所有门窗开紫外线消毒灯照射30分钟以上，幼儿进班前关灯开门窗通风
- 每天下午清洗幼儿毛巾、口杯，集中高温消毒1小时
- 塑料玩教具每次玩后用含氯消毒液浸泡，木质玩教具用含氯消毒液擦拭或紫外线灯照射，毛绒玩具用紫外线灯照射
- 幼儿被、褥套每月清洗晾晒一次，幼儿床单、枕巾每两周清洗晾晒一次

全园消毒
- 每两周请专业消毒公司对全园物体表面用0.3％（空气用0.5％）的过氧乙酸喷雾消毒（传染病高发期一周消毒一次）

公共区域消毒
- 保安、保洁人员每天用500mg/L含氯消毒液喷洒、擦拭公共区域

61. 保洁人员一日工作流程

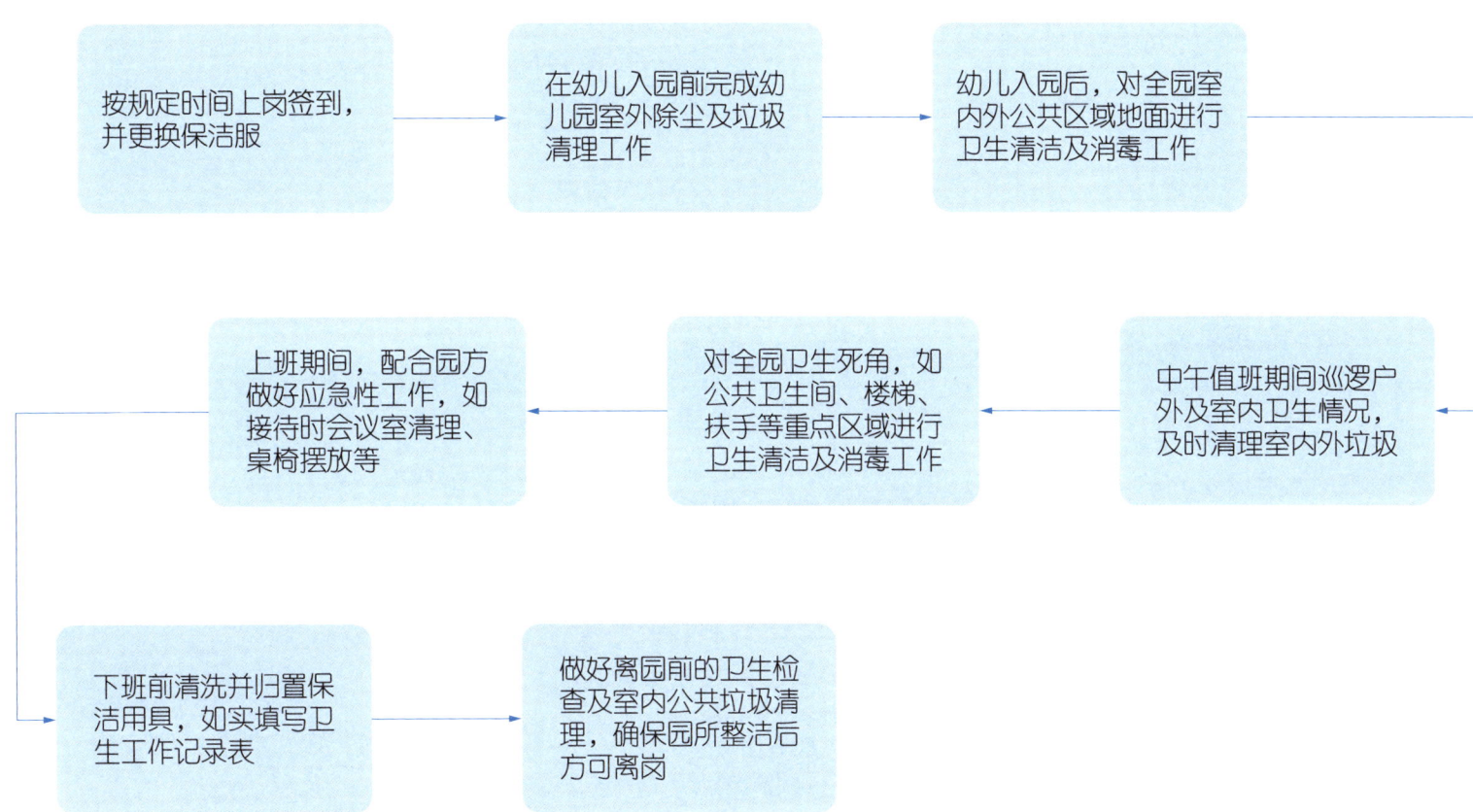

按规定时间上岗签到，并更换保洁服

在幼儿入园前完成幼儿园室外除尘及垃圾清理工作

幼儿入园后，对全园室内外公共区域地面进行卫生清洁及消毒工作

中午值班期间巡逻户外及室内卫生情况，及时清理室内外垃圾

对全园卫生死角，如公共卫生间、楼梯、扶手等重点区域进行卫生清洁及消毒工作

上班期间，配合园方做好应急性工作，如接待时会议室清理、桌椅摆放等

下班前清洗并归置保洁用具，如实填写卫生工作记录表

做好离园前的卫生检查及室内公共垃圾清理，确保园所整洁后方可离岗

62. 幼儿体检 / 体测工作流程

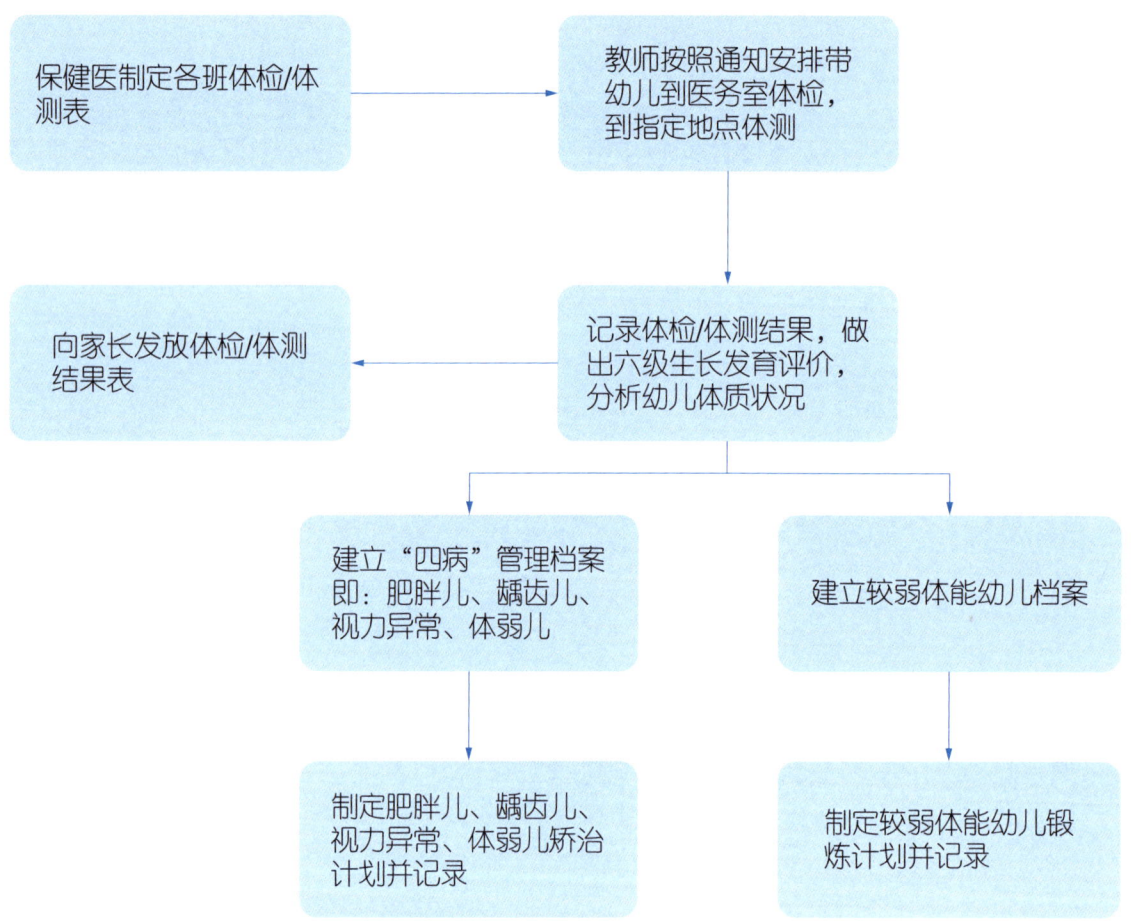

保健医制定各班体检/体测表 → 教师按照通知安排带幼儿到医务室体检，到指定地点体测

向家长发放体检/体测结果表 ← 记录体检/体测结果，做出六级生长发育评价，分析幼儿体质状况

建立"四病"管理档案 即：肥胖儿、龋齿儿、视力异常、体弱儿

建立较弱体能幼儿档案

制定肥胖儿、龋齿儿、视力异常、体弱儿矫治计划并记录

制定较弱体能幼儿锻炼计划并记录

63. 幼儿晨检工作流程

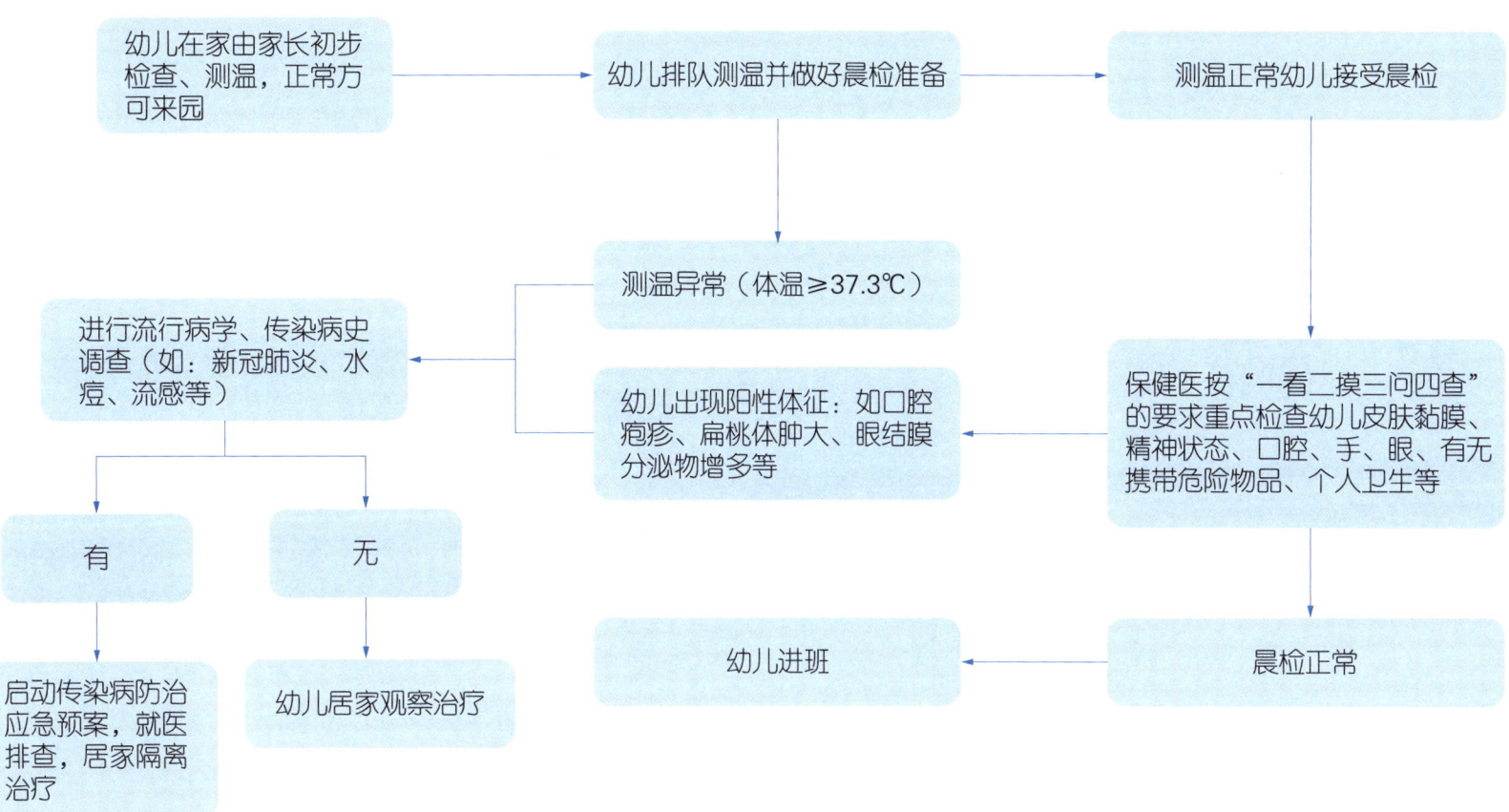

幼儿在家由家长初步检查、测温，正常方可来园 → 幼儿排队测温并做好晨检准备 → 测温正常幼儿接受晨检

测温异常（体温≥37.3℃）

进行流行病学、传染病史调查（如：新冠肺炎、水痘、流感等） ← 幼儿出现阳性体征：如口腔疱疹、扁桃体肿大、眼结膜分泌物增多等 ← 保健医按"一看二摸三问四查"的要求重点检查幼儿皮肤黏膜、精神状态、口腔、手、眼、有无携带危险物品、个人卫生等

有   无

启动传染病防治应急预案，就医排查，居家隔离治疗

幼儿居家观察治疗

幼儿进班 ← 晨检正常

69

64. 幼儿因病缺勤追查、上报流程

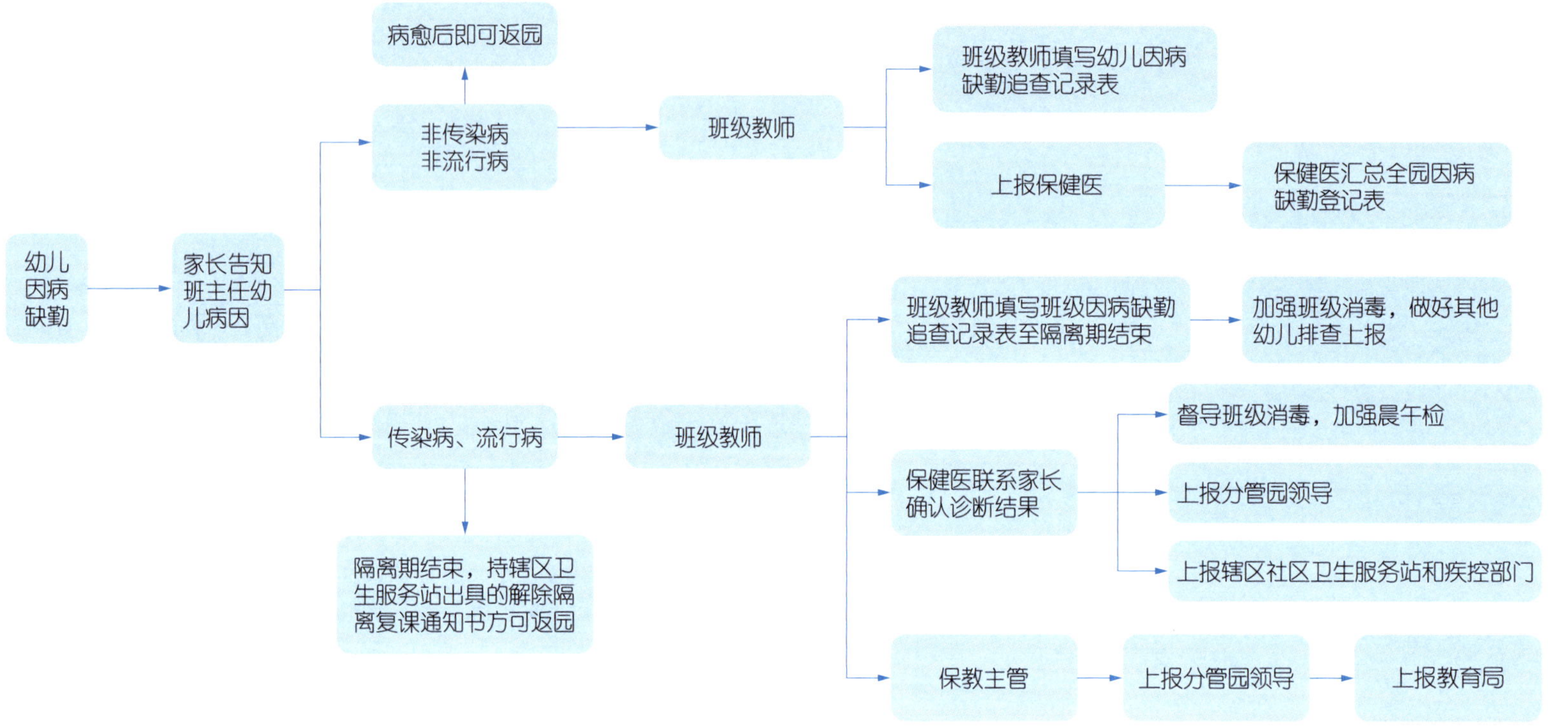

```
                                    病愈后即可返园          班级教师填写幼儿因病
                                                         缺勤追查记录表
                              非传染病                 班级教师
                              非流行病                              保健医汇总全园因病
                                                      上报保健医        缺勤登记表

  幼儿      家长告知
  因病      班主任幼                                  班级教师填写班级因病   加强班级消毒，做好其他
  缺勤      儿病因                                    追查记录表至隔离期结束   幼儿排查上报

                                                                   督导班级消毒，加强晨午检
                              传染病、流行病          班级教师
                                                      保健医联系家长        上报分管园领导
                                                      确认诊断结果
                                                                   上报辖区社区卫生服务站和疾控部门
                              隔离期结束，持辖区卫
                              生服务站出具的解除隔
                              离复课通知书方可返园      保教主管      上报分管园领导      上报教育局
```

65．幼儿事故报告、处置工作流程

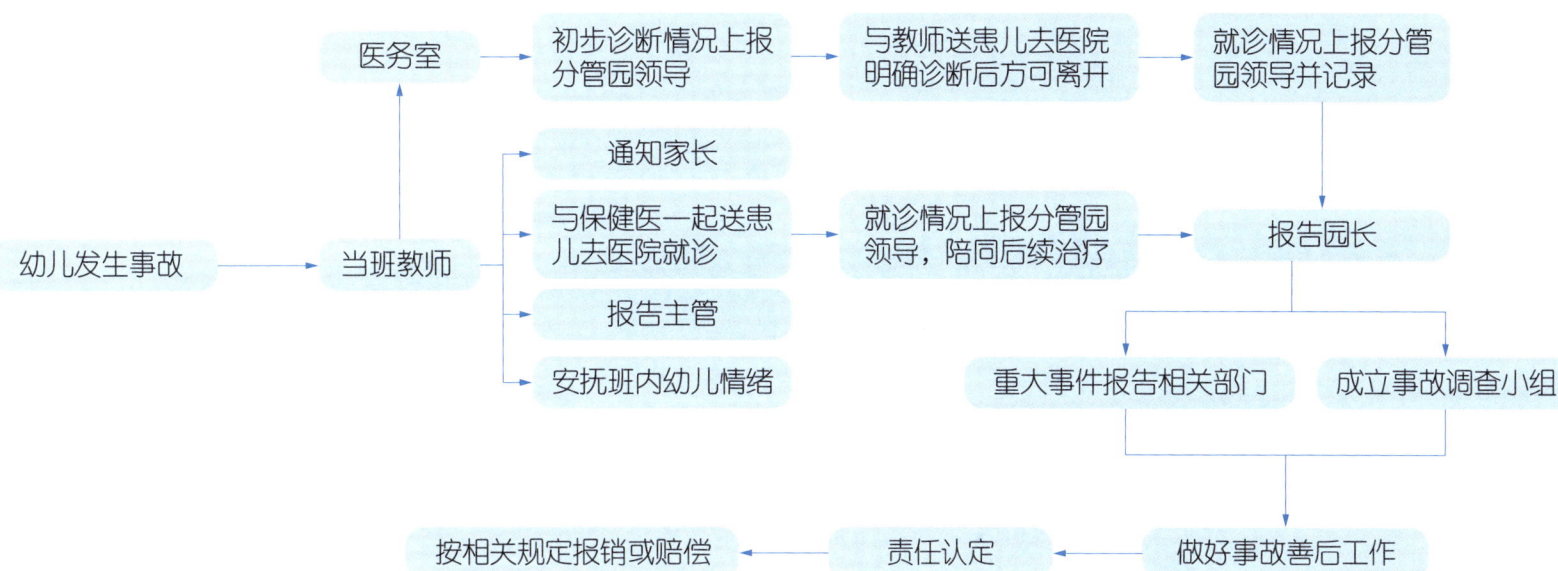

医务室 → 初步诊断情况上报分管园领导 → 与教师送患儿去医院明确诊断后方可离开 → 就诊情况上报分管园领导并记录

幼儿发生事故 → 当班教师

当班教师：
- 通知家长
- 与保健医一起送患儿去医院就诊 → 就诊情况上报分管园领导，陪同后续治疗 → 报告园长
- 报告主管
- 安抚班内幼儿情绪

报告园长 → 重大事件报告相关部门 / 成立事故调查小组 → 做好事故善后工作

按相关规定报销或赔偿 ← 责任认定 ← 做好事故善后工作

66. 幼儿服药工作流程

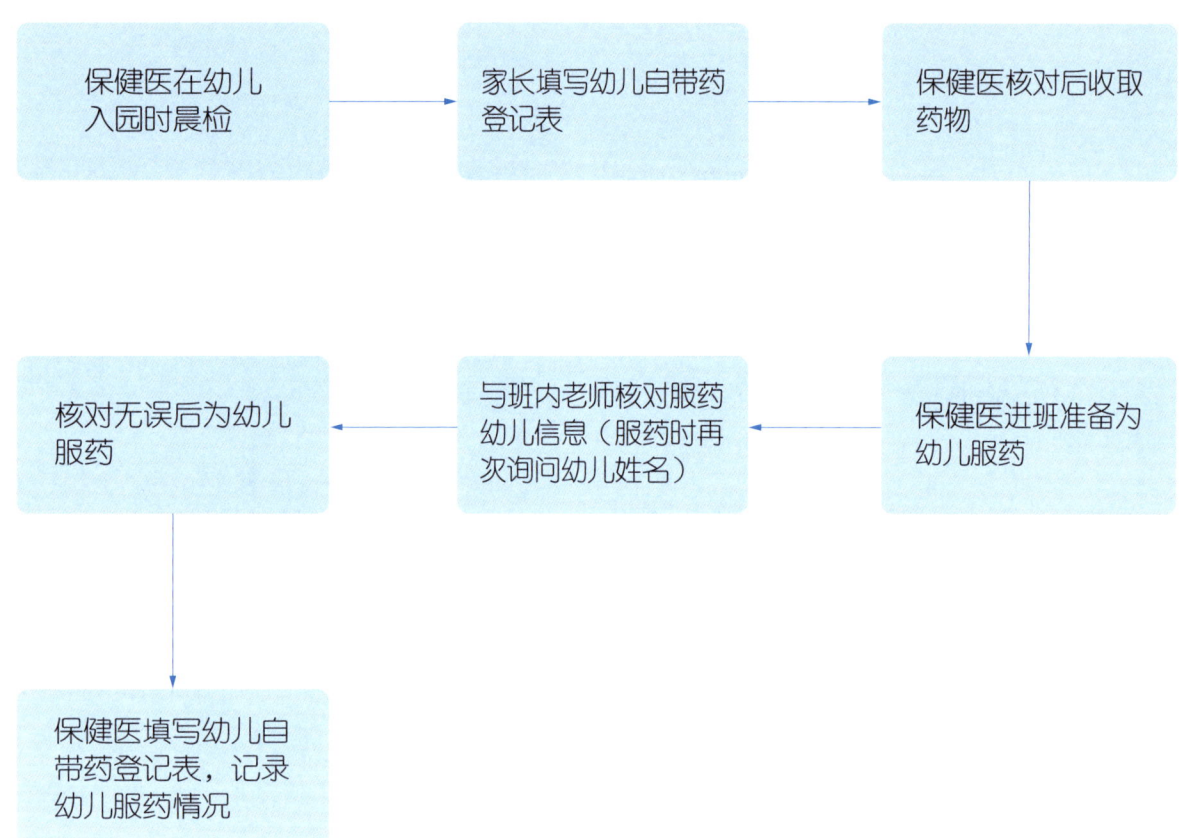

保健医在幼儿
入园时晨检
→
家长填写幼儿自带药
登记表
→
保健医核对后收取
药物
↓

核对无误后为幼儿
服药
←
与班内老师核对服药
幼儿信息（服药时再
次询问幼儿姓名）
←
保健医进班准备为
幼儿服药

↓

保健医填写幼儿自
带药登记表，记录
幼儿服药情况

67. 教师培训工作流程

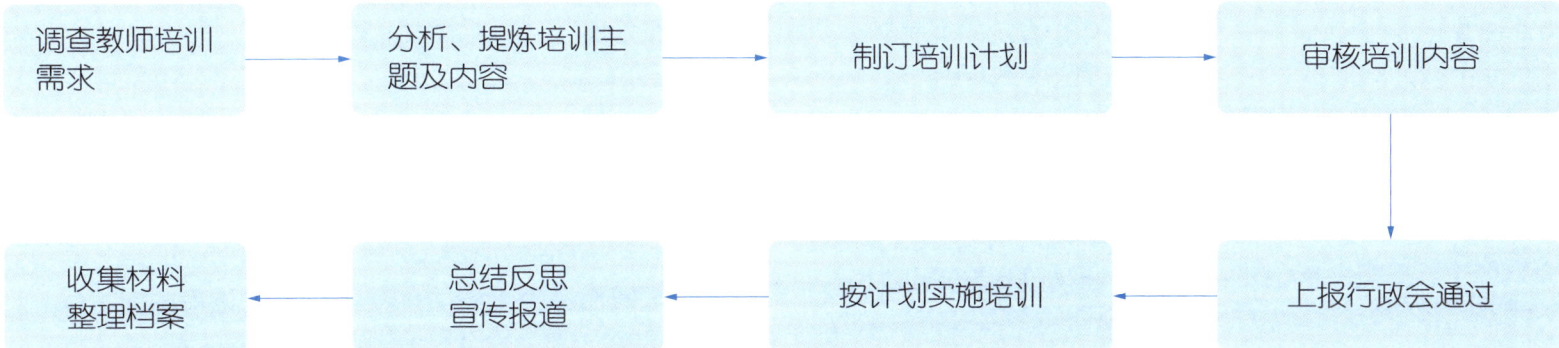

调查教师培训需求 → 分析、提炼培训主题及内容 → 制订培训计划 → 审核培训内容 → 上报行政会通过 → 按计划实施培训 → 总结反思宣传报道 → 收集材料整理档案

73

68. 课题工作流程

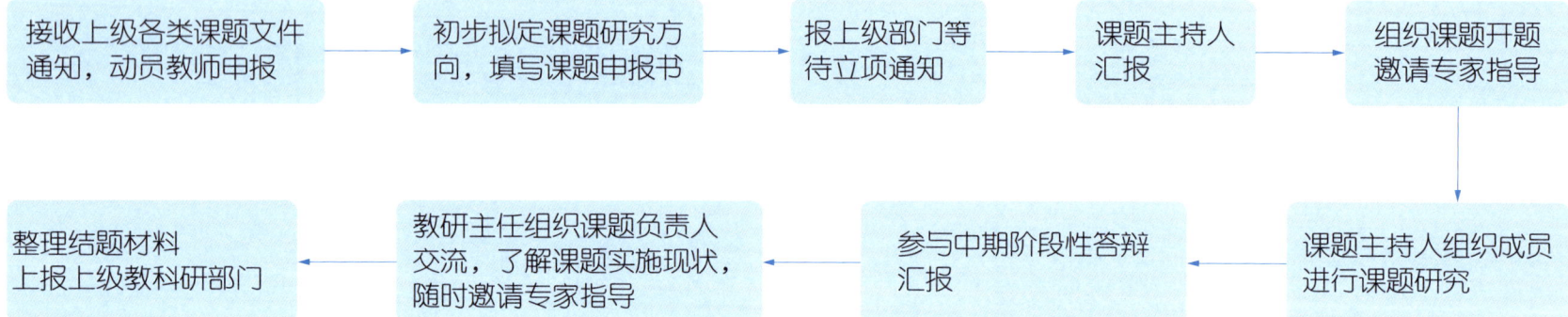

接收上级各类课题文件通知，动员教师申报 → 初步拟定课题研究方向，填写课题申报书 → 报上级部门等待立项通知 → 课题主持人汇报 → 组织课题开题邀请专家指导

整理结题材料上报上级教科研部门 ← 教研主任组织课题负责人交流，了解课题实施现状，随时邀请专家指导 ← 参与中期阶段性答辩汇报 ← 课题主持人组织成员进行课题研究

69. 继续教育工作流程

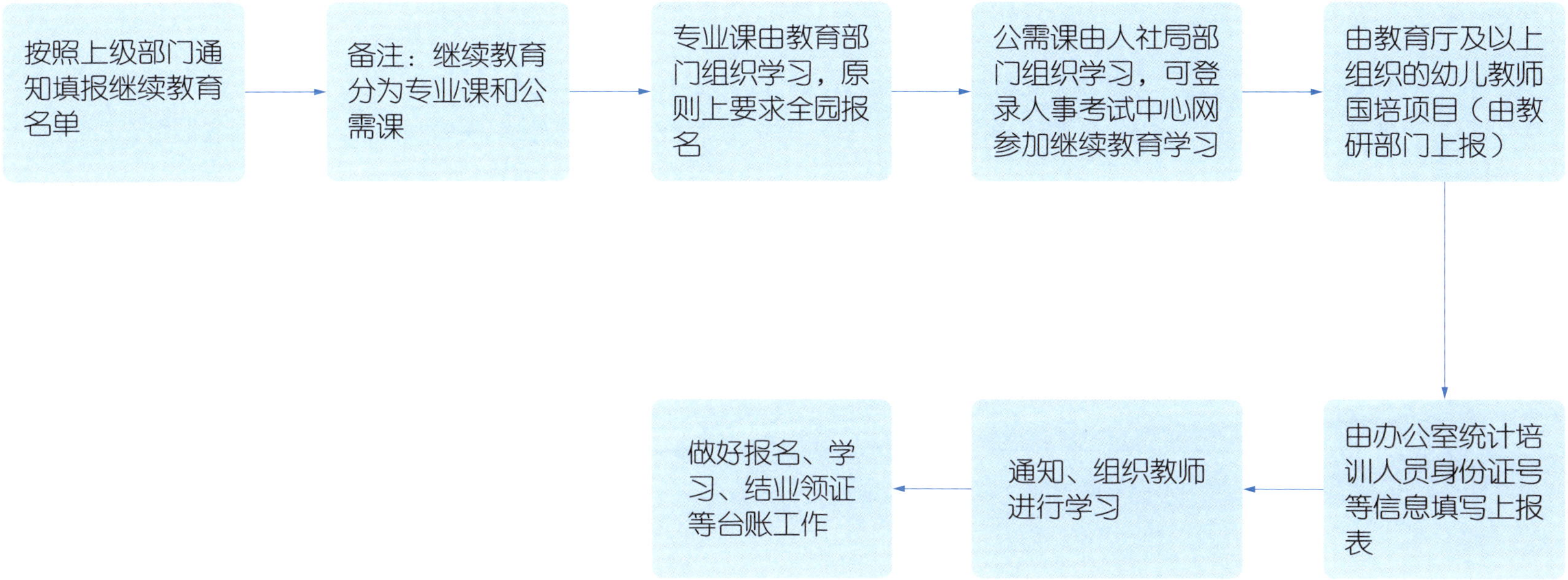

按照上级部门通知填报继续教育名单 → 备注：继续教育分为专业课和公需课 → 专业课由教育部门组织学习，原则上要求全园报名 → 公需课由人社局部门组织学习，可登录人事考试中心网参加继续教育学习 → 由教育厅及以上组织的幼儿教师国培项目（由教研部门上报）

做好报名、学习、结业领证等台账工作 ← 通知、组织教师进行学习 ← 由办公室统计培训人员身份证号等信息填写上报表

75

70. 大型活动流程

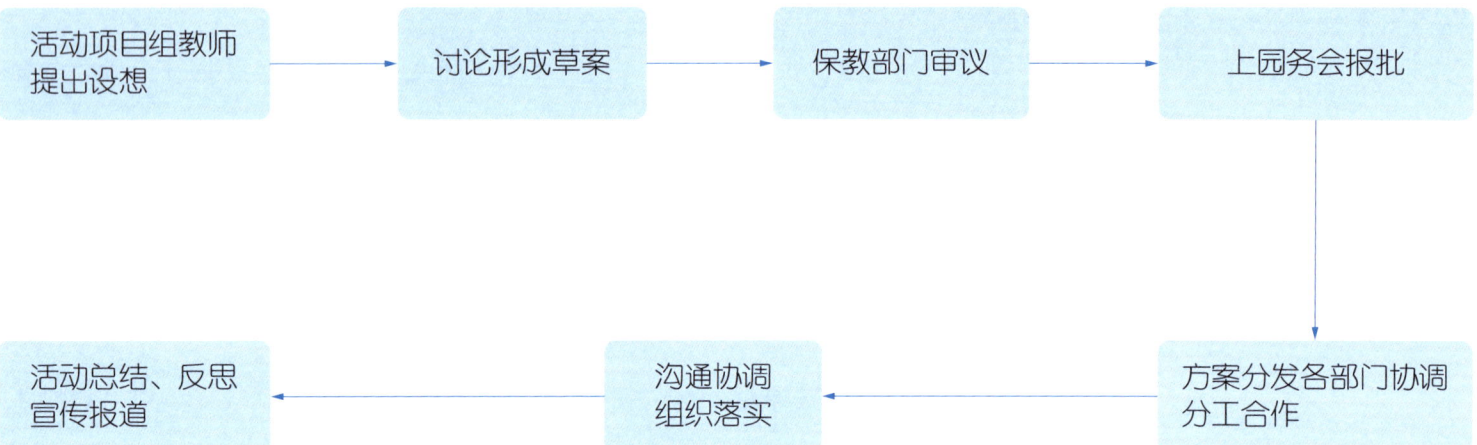

活动项目组教师提出设想 → 讨论形成草案 → 保教部门审议 → 上园务会报批

上园务会报批 → 方案分发各部门协调分工合作 → 沟通协调组织落实 → 活动总结、反思宣传报道

71. 教师换班流程

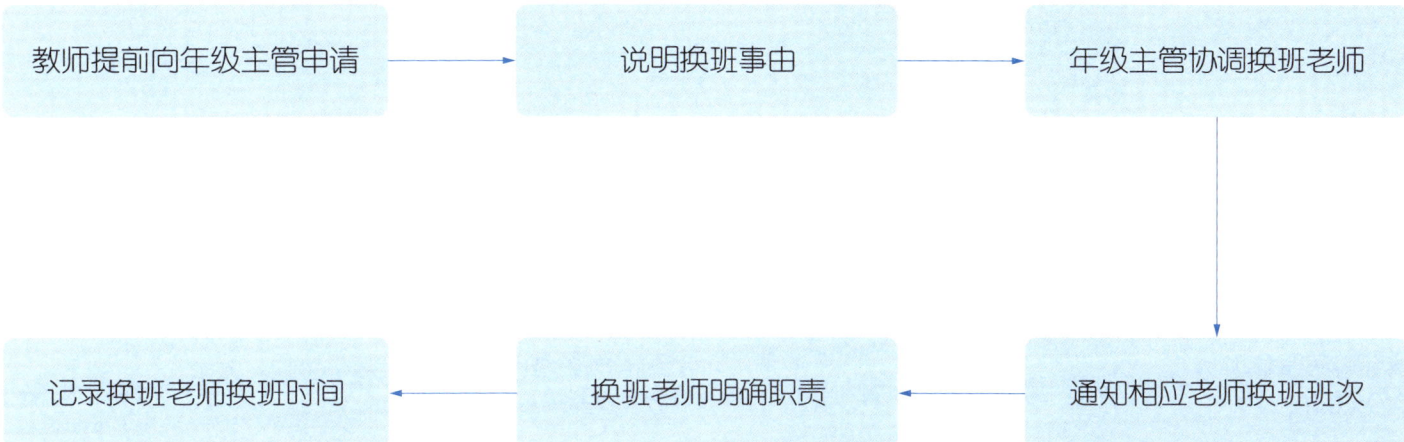

教师提前向年级主管申请 → 说明换班事由 → 年级主管协调换班老师

记录换班老师换班时间 ← 换班老师明确职责 ← 通知相应老师换班班次

72. 幼儿园家长学校流程

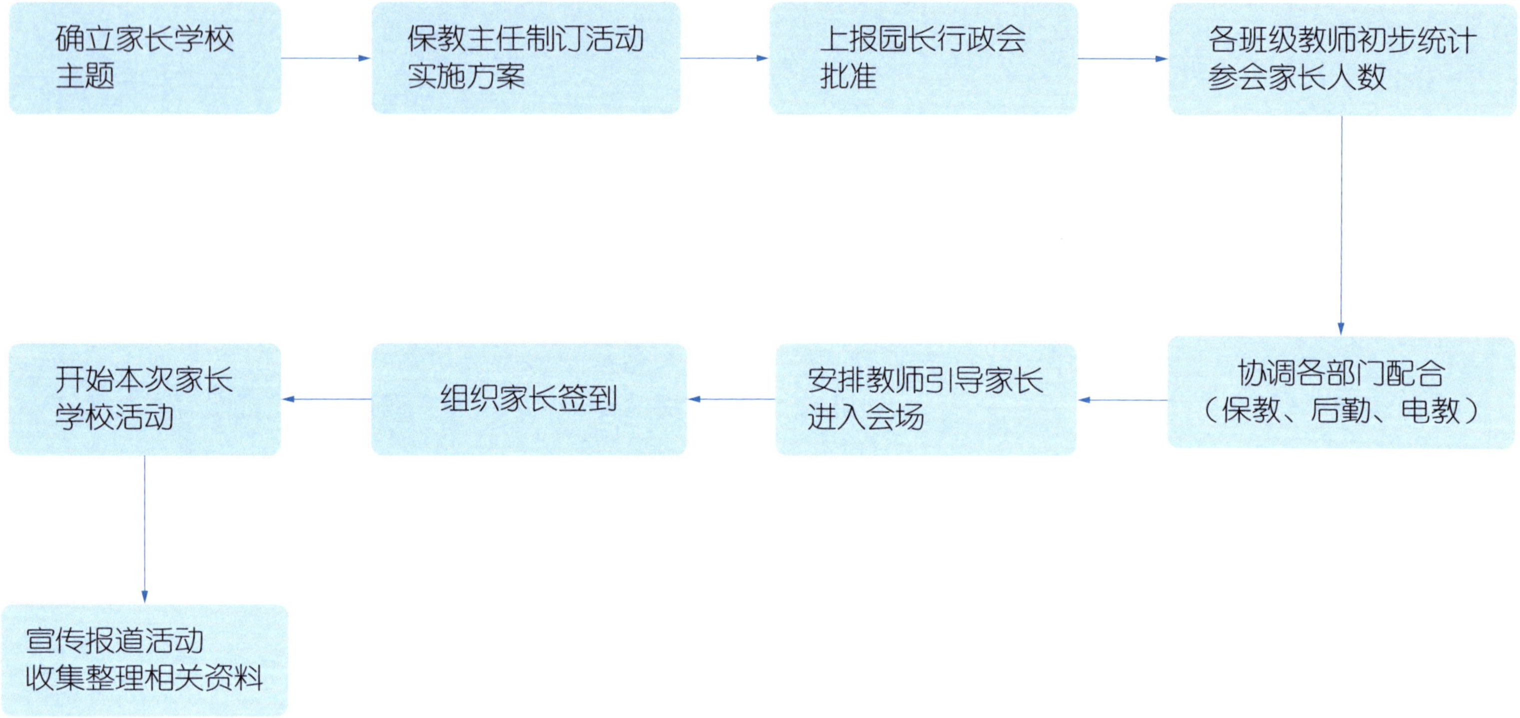

确立家长学校主题 → 保教主任制订活动实施方案 → 上报园长行政会批准 → 各班级教师初步统计参会家长人数

↓

宣传报道活动收集整理相关资料 ← 开始本次家长学校活动 ← 组织家长签到 ← 安排教师引导家长进入会场 ← 协调各部门配合（保教、后勤、电教）

78

73．家长进课堂流程

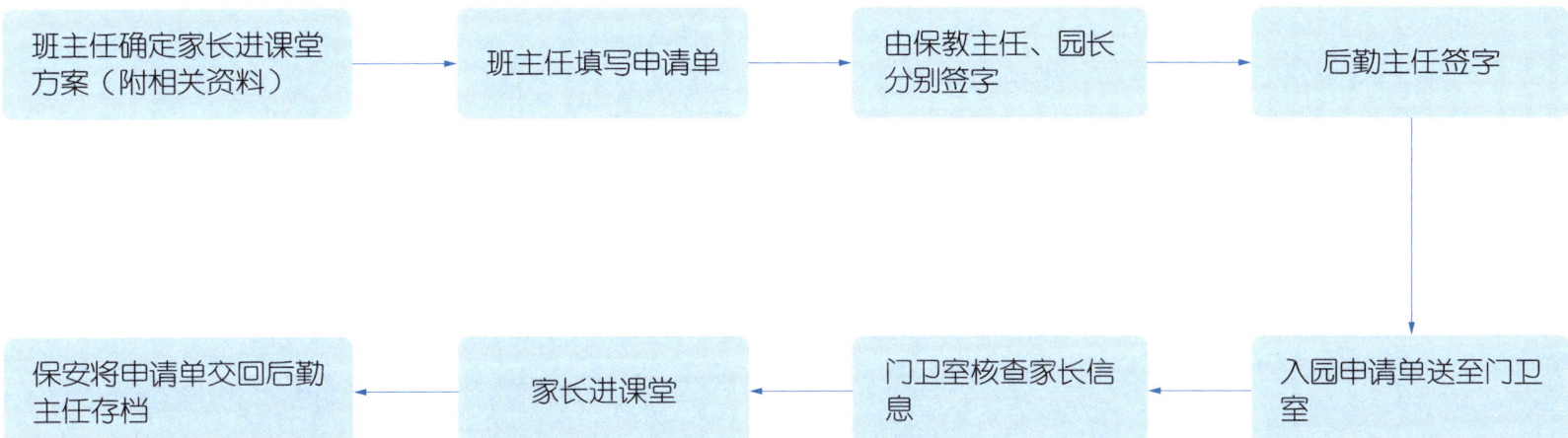

班主任确定家长进课堂方案（附相关资料） → 班主任填写申请单 → 由保教主任、园长分别签字 → 后勤主任签字

保安将申请单交回后勤主任存档 ← 家长进课堂 ← 门卫室核查家长信息 ← 入园申请单送至门卫室

74. 班级家长会流程

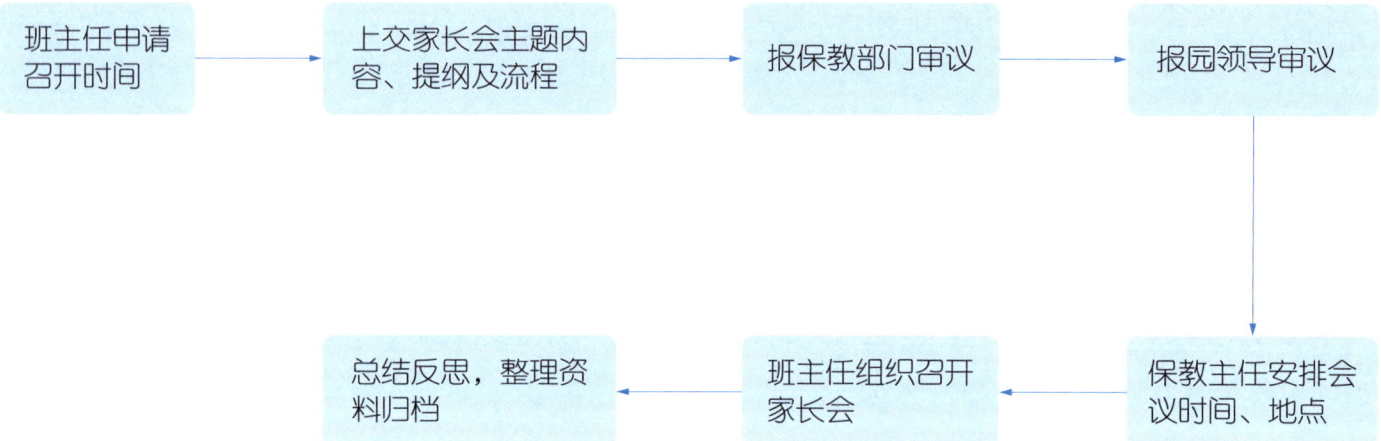

班主任申请召开时间 → 上交家长会主题内容、提纲及流程 → 报保教部门审议 → 报园领导审议

总结反思，整理资料归档 ← 班主任组织召开家长会 ← 保教主任安排会议时间、地点

75. 幼儿退园流程

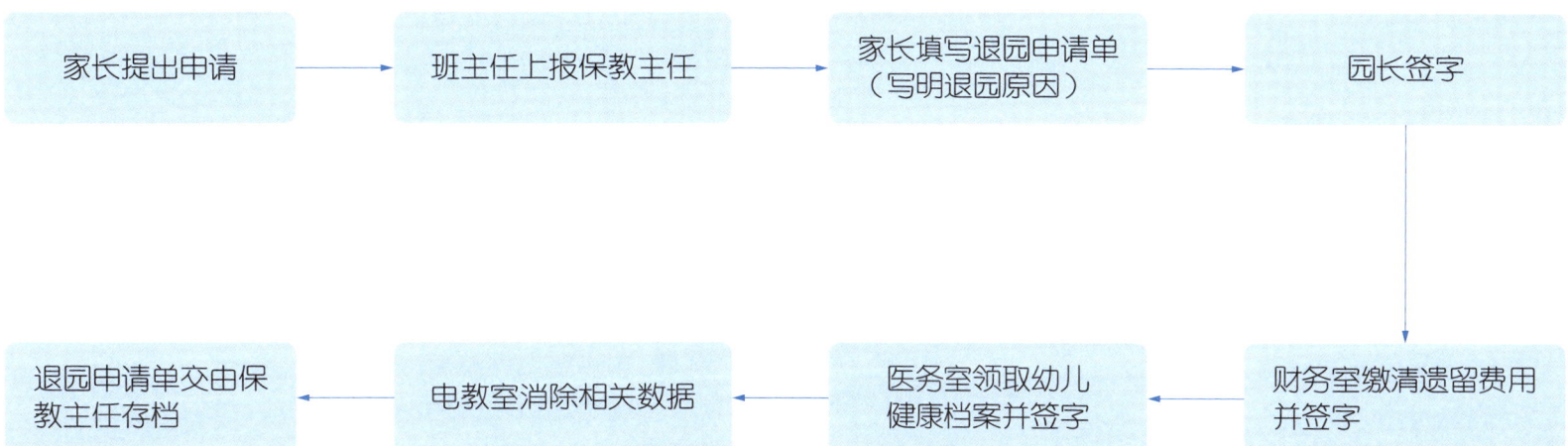

家长提出申请 → 班主任上报保教主任 → 家长填写退园申请单（写明退园原因） → 园长签字

退园申请单交由保教主任存档 ← 电教室消除相关数据 ← 医务室领取幼儿健康档案并签字 ← 财务室缴清遗留费用并签字

模块五

幼儿园膳食工作

流程

76. 膳食管理委员会工作流程

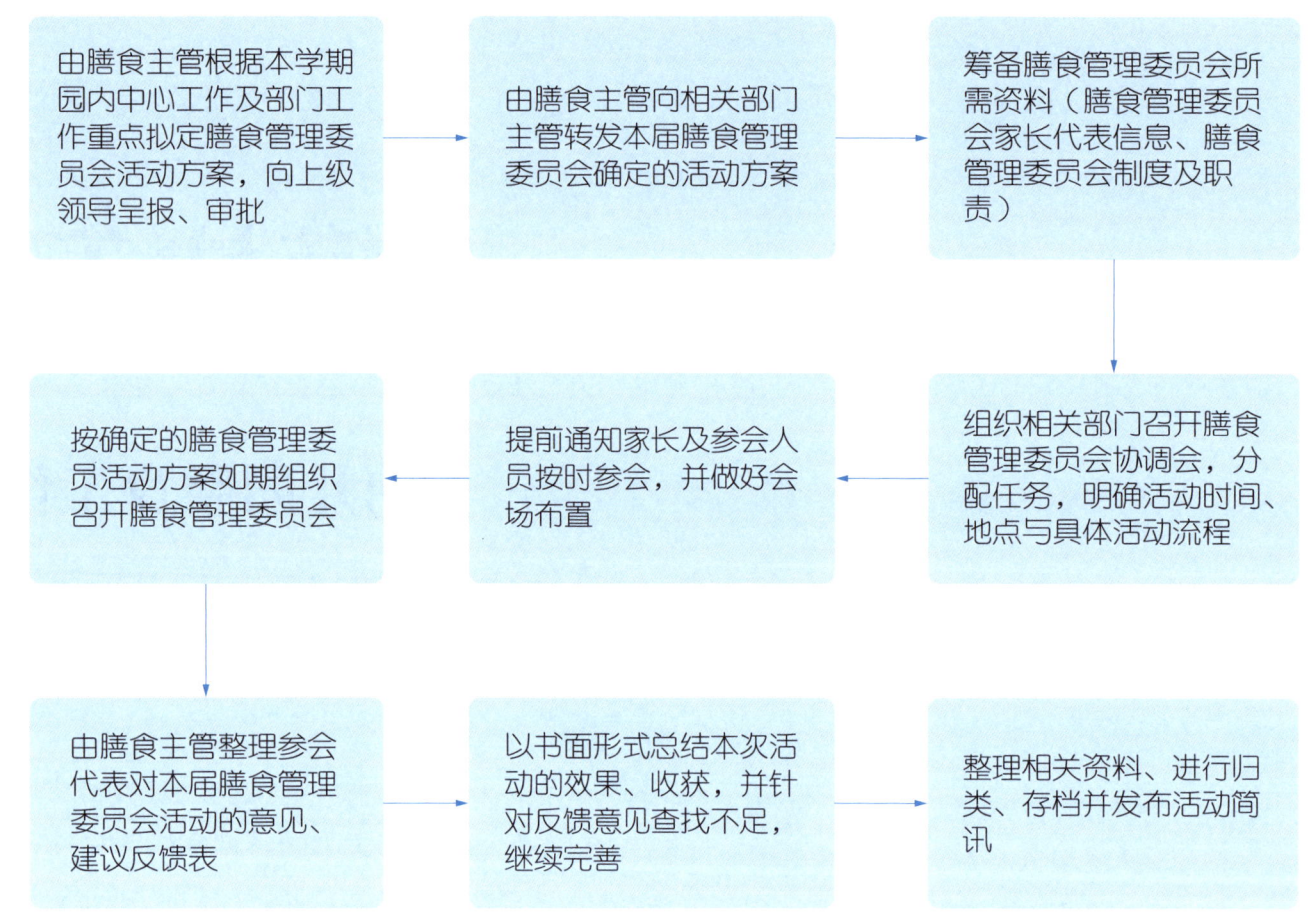

由膳食主管根据本学期园内中心工作及部门工作重点拟定膳食管理委员会活动方案，向上级领导呈报、审批

由膳食主管向相关部门主管转发本届膳食管理委员会确定的活动方案

筹备膳食管理委员会所需资料（膳食管理委员会家长代表信息、膳食管理委员会制度及职责）

按确定的膳食管理委员活动方案如期组织召开膳食管理委员会

提前通知家长及参会人员按时参会，并做好会场布置

组织相关部门召开膳食管理委员会协调会，分配任务，明确活动时间、地点与具体活动流程

由膳食主管整理参会代表对本届膳食管理委员会活动的意见、建议反馈表

以书面形式总结本次活动的效果、收获，并针对反馈意见查找不足，继续完善

整理相关资料、进行归类、存档并发布活动简讯

77. 后厨 4D 管理工作流程

由膳食主管制订食堂安全管理学期工作计划，上报分管副园长完善审核，并分阶段落实

根据本园实际，制定食堂 4D 安全管理制度、应急预案、岗位职责、培训方案

逐级签定安全管理责任书，建立食堂从业人员管理档案

针对日常4D安全管理工作中存在的问题进行梳理，组织从业人员一周一反思，研讨找准整改策略

逐日指导、督查食堂常规工作，推进 4D 安全管理落实

健全各类索证索票台账，完善 4D 安全管理记录册

月末对食堂4D安全管理工作进行总结、自评，针对集中问题组织培训，开展月工作量化考核

召开学期"膳食管理委员会"，征集家长代表、教师代表对食堂 4D 安全管理工作的建议

学期末梳理食堂4D安全管理工作完成情况，找准亮点继续推进，整理相关文档

78. 后厨日常管理工作流程

由膳食主管抽查后厨各岗位工作人员到岗、着装、晨午检及个人卫生情况

→

督查一日各餐次菜肴品质、配餐、送餐及收餐等食品卫生安全落实情况

→

随时进班观察幼儿就餐情况及教师开餐行为，规范班级就餐流程

→

监督膳食原材料配送、验货收货、进出库台账、索证索票、午点配发及就餐人数

由膳食主管组织炊事班长及各功能间负责人对后厨各区域进行安全巡查，确保人员、物品安全

←

召集后厨职工针对当天工作中存在的问题一事一议讨论解决办法

←

抽查当日食品留样情况、各项清消记录及日常安全隐患排查记录

←

检查后厨各功能间操作流程、物品清洁、归置及功能间所负责的区域环境卫生

79. 后厨食材配送招投标工作流程

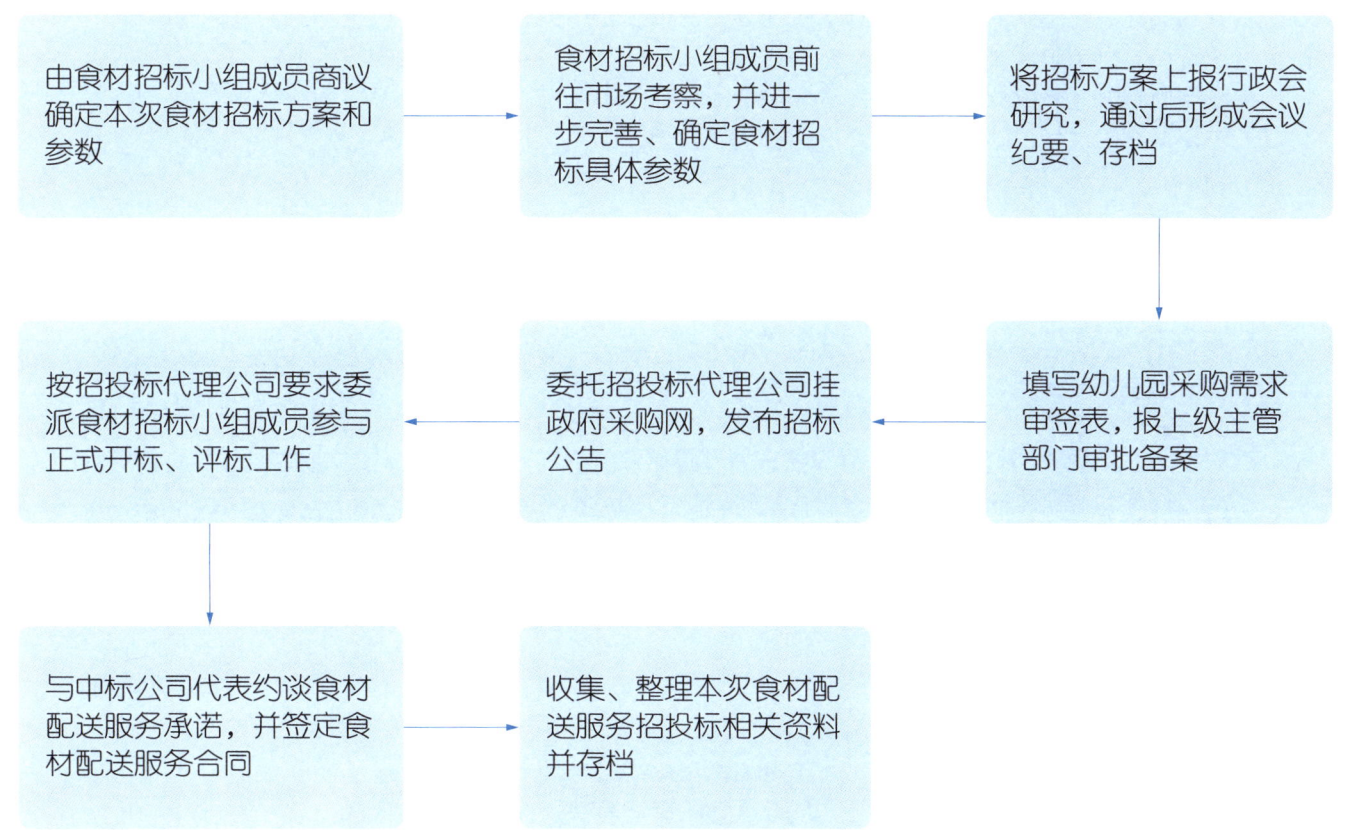

由食材招标小组成员商议确定本次食材招标方案和参数 → 食材招标小组成员前往市场考察，并进一步完善、确定食材招标具体参数 → 将招标方案上报行政会研究，通过后形成会议纪要、存档

按招投标代理公司要求委派食材招标小组成员参与正式开标、评标工作 ← 委托招投标代理公司挂政府采购网，发布招标公告 ← 填写幼儿园采购需求审签表，报上级主管部门审批备案

与中标公司代表约谈食材配送服务承诺，并签定食材配送服务合同 → 收集、整理本次食材配送服务招投标相关资料并存档

80. 幼儿膳食原材料配送及验收工作流程

依据幼儿近日出勤情况及幼儿营养带量食谱中人均带量制订次日膳食原材料采购计划

由膳食主管审核幼儿膳食原材料采购计划并通知各家配送公司相关负责人执行其采购计划

各家配送公司配送员按园方采购计划核对膳食原材料种类及数量，并按约定时间准时配送

由园方食品库管、功能间负责人及膳食主管对各配送公司配送的膳食原材料认真验收，并索要、查验相关票据（最少3人）

需要存放于食品库房的膳食原材料必须按要求填写原材料出入库台账及原材料进货标签

每周五由膳食主管、食品库管、炊事班长一同对食品库房膳食原材料进行盘点，便于下周有针对性地制订采购计划

膳食主管对当日各家配送公司配送的膳食原材料按"中国居民膳食宝塔"五大层进行分类、汇总

将领导审批、签字后的幼儿伙食账目报表送财务室，供财务人员按程序给各家配送公司转账、结算

81. 幼儿分餐及送餐工作流程

送餐员按当日各班幼儿实际出勤人数准确配送餐具

→

分餐员根据各班当日幼儿实际出勤人数及各年龄段人均带量进行定量分餐

→

送餐员检查送餐车完好、洁净，在配餐间按班牌领取主食、菜肴、汤品，平稳装入专用送餐车，并盖好防尘布（罩）

→

送餐车在各楼道应靠右慢速行进，送餐员在送餐途中注意避让幼儿及教师，并有礼貌问候

↓

幼儿就餐结束后，送餐员依次到各班餐车停放处回收餐具，并针对各班就餐情况填写进餐记录表

←

送餐员送餐结束后应主动到所服务班级观察幼儿就餐情况，并及时补给缺少的餐具和饭菜

←

送餐员送餐结束后，将送餐车推送至指定车位有序停放，并随时保持送餐车清洁、卫生

←

送餐员将饭菜有序转移到班级小分餐车上，推到班里转交当班教师，再次核对就餐人数与餐具数量是否匹配

89

82. 幼儿伙食账目对账及核算工作流程

由膳食主管每周五核对本周各家配送公司膳食原材料配送明细，查验膳食原材料出库登记

→

次月初核对各家配送公司膳食原材料月分类明细、逐日分类明细，并通知各配送公司开具膳食原材料配送发票

→

由膳食主管统计当月全园幼儿实际到园天数、逐日出勤总数，并核算每日平均出勤人数及出勤率

→

由膳食主管测算当月后厨人工工资、水电费、燃气费及其他膳食原材料支出

向主管领导上报当月幼儿伙食账目收支情况及膳食平衡表，领导审批、签字，膳食平衡表加盖公章后及时向家长公示

←

汇总整理当月幼儿伙食账目明细，按财务报表要求粘贴各家配送公司报销凭证，并上报会计审核、签字确认

←

计算幼儿每人每日膳食原材料平均摄入量，并与"中国居民膳食宝塔"参考摄入量比对，便于营养师次月营养带量食谱

←

核算当月幼儿伙食账目收支及盈亏情况，比对幼儿每人每日应缴伙食费与实际支出情况

将领导审批、签字后的幼儿伙食账目报表送财务室，供财务人员按程序给各家配送公司转账、结算

83. 伙食费调整工作流程

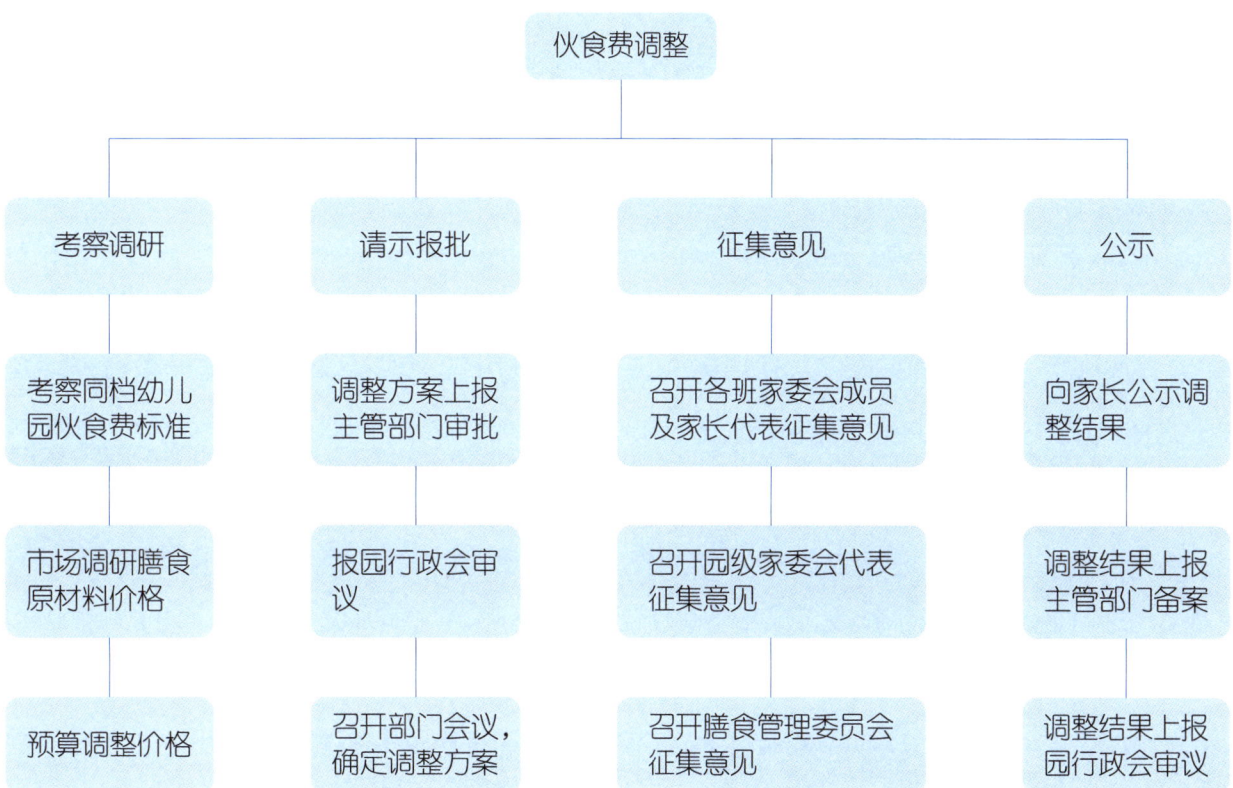

伙食费调整

考察调研 　　 请示报批 　　 征集意见 　　 公示

考察同档幼儿园伙食费标准

调整方案上报主管部门审批

召开各班家委会成员及家长代表征集意见

向家长公示调整结果

市场调研膳食原材料价格

报园行政会审议

召开园级家委会代表征集意见

调整结果上报主管部门备案

预算调整价格

召开部门会议，确定调整方案

召开膳食管理委员会征集意见

调整结果上报园行政会审议

84. 后厨餐饮从业人员聘用工作流程

由膳食主管根据后厨实际岗位需要向主管领导申请招聘餐饮从业人员的岗位及人数 → 经上级领导同意后拟定"招聘信息"，审核后方可张贴、发布"招聘启事" → 拟定本次后厨人员聘用方案，成立招聘人员面试及考核领导小组 → 召开招聘人员面试及考核领导小组工作协调会，明确本次后厨招聘餐饮从业人员的岗位及人数

↓

通知应聘人员来园面试，初试合格者须填写"招聘职工信息登记表"

↓

试用期满，经本人申请，部门考核合格，上报园长办公会审议通过，转交办公室与其正式签订劳动聘用合同 ← 根据应聘人员初试、复试两轮综合成绩择优录用，进入试用期 ← 综合考察后确定优秀应聘人员进入复试，进行专业技能实操考核 ← 组织应聘人员面试，考核领导小组成员汇总应聘人员基本情况

85. 后厨聘用人员工资发放报送流程

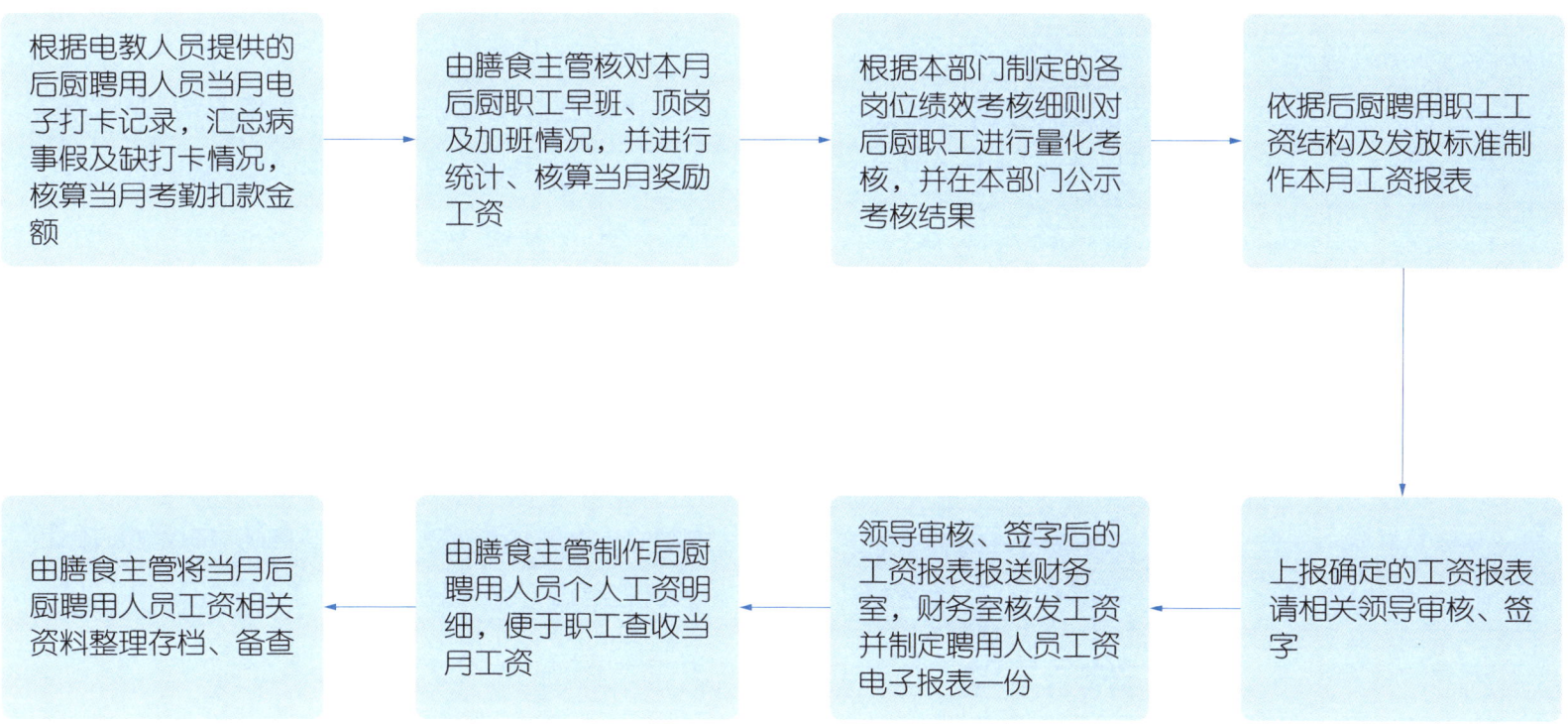

根据电教人员提供的后厨聘用人员当月电子打卡记录，汇总病事假及缺打卡情况，核算当月考勤扣款金额

由膳食主管核对本月后厨职工早班、顶岗及加班情况，并进行统计、核算当月奖励工资

根据本部门制定的各岗位绩效考核细则对后厨职工进行量化考核，并在本部门公示考核结果

依据后厨聘用职工工资结构及发放标准制作本月工资报表

由膳食主管将当月后厨聘用人员工资相关资料整理存档、备查

由膳食主管制作后厨聘用人员个人工资明细，便于职工查收当月工资

领导审核、签字后的工资报表报送财务室，财务室核发工资并制定聘用人员工资电子报表一份

上报确定的工资报表请相关领导审核、签字

86．各类膳食支持与保障活动工作流程

接到相关部门通知后，知晓此次膳食支持与保障任务，并及时向主管领导汇报此项活动

→

仔细解读相关部门的活动方案，明确活动中膳食部门需要配合的任务与内容

→

制定本次膳食保障活动方案，并与主管领导及时沟通，确定本次保障活动的实施方案

→

根据本次膳食保障活动需要制订膳食原材料采购配送计划

↓

由膳食主管召集后厨职工及时反思本次保障过程，总结保障经验，并整理相关资料归档

←

组织后厨相关人员按计划如期实施本次膳食支持与保障工作

←

由膳食主管协调后厨各功能间人员，并梳理本次膳食保障活动具体流程

87. "儿童美食节"工作流程

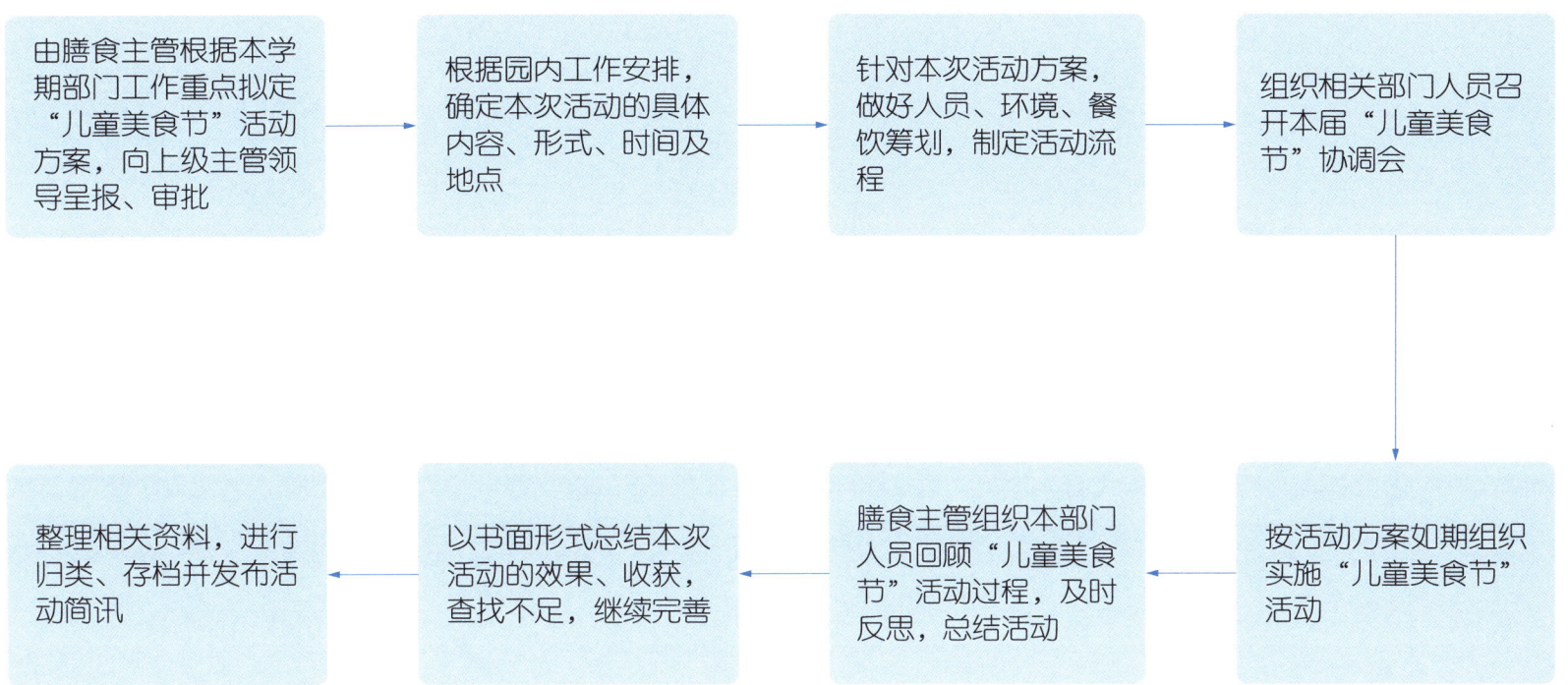

由膳食主管根据本学期部门工作重点拟定"儿童美食节"活动方案，向上级主管领导呈报、审批 → 根据园内工作安排，确定本次活动的具体内容、形式、时间及地点 → 针对本次活动方案，做好人员、环境、餐饮筹划，制定活动流程 → 组织相关部门人员召开本届"儿童美食节"协调会

整理相关资料，进行归类、存档并发布活动简讯 ← 以书面形式总结本次活动的效果、收获，查找不足，继续完善 ← 膳食主管组织本部门人员回顾"儿童美食节"活动过程，及时反思，总结活动 ← 按活动方案如期组织实施"儿童美食节"活动

模块六

幼儿园安全工作

流程

88. 安全隐患排查及处置工作流程

成立幼儿园安全检查领导小组，明确成员职责 → 建立安全检查制度，完善应对安全事件应急预案，制定安全排查记录表 → 安全检查小组定期对重点区域、重点岗位进行安全排查，安全员落实日常安全检查

针对排查中出现的安全隐患及问题，及时排除或制定整改策略，并落实整改

对限期整改的项目及时跟进督查

对短期不能整改到位的项目提出合理化处理建议，并逐级上报

针对已排除的安全隐患不定期回看检查，确保治理彻底

89. 处置突发火灾工作流程

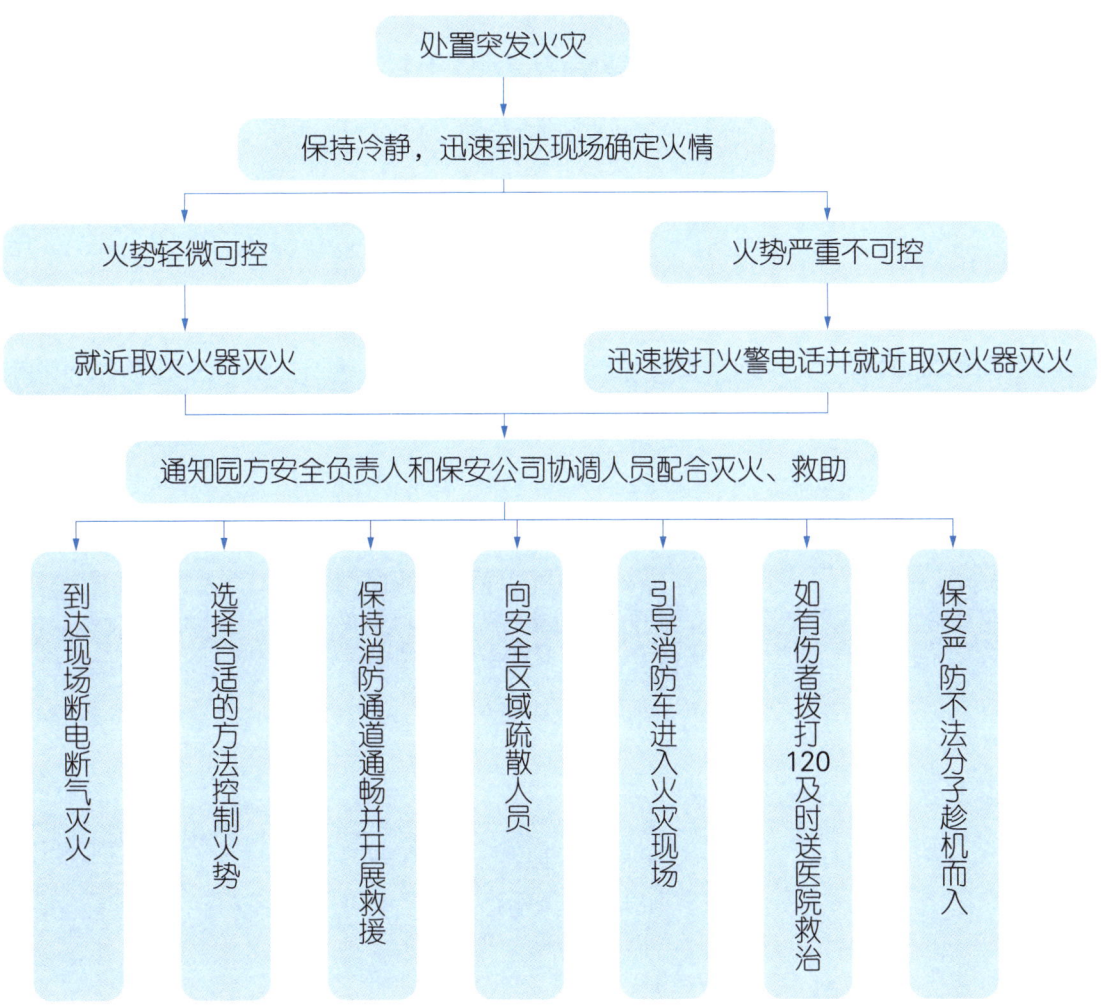

处置突发火灾

保持冷静，迅速到达现场确定火情

火势轻微可控

就近取灭火器灭火

火势严重不可控

迅速拨打火警电话并就近取灭火器灭火

通知园方安全负责人和保安公司协调人员配合灭火、救助

到达现场断电断气灭火

选择合适的方法控制火势

保持消防通道通畅并开展救援

向安全区域疏散人员

引导消防车进入火灾现场

如有伤者拨打120及时送医院救治

保安严防不法分子趁机而入

90．户外大型玩具安全隐患排查及报修工作流程

制定幼儿园户外大型玩具安全隐患日排查记录表

→

幼儿园安全专干携带安全隐患日排查记录表不定时对户外大型玩具进行安全排查

→

排查到的安全隐患及问题及时填写记录表，并及时告知保教主管、通知班级教师尽快上报处理

户外大型玩具检修结束须有楼部主管和园内安全专干同时签字确定

←

部门主管每日汇总安全专干员排查户外大型玩具存在的安全问题，及时联系玩具厂商派专业人员维修

←

小隐患随时排除，大隐患进一步查找原因并填写检修记录单上报部门主管联系维修

户外大型玩具如需更换零件或产生特殊材料费用，须进一步核实上报相关领导审批后方可实施

→

户外大型玩具施工检修期间应拉好警戒线，并设有明显标识，以防其他意外安全事故发生

→

更换的零件部件或使用的特殊材料应明确其保质期或售后服务承诺

后勤主管每学期应对幼儿园户外大型玩具检修项目及产生的检修费用进行汇总

←

更换的零部件或特殊材料如在保质期内非人为操作不当破损的属于质量问题，应向大型玩具厂商免费更换

91. 设备检查及维修工作流程

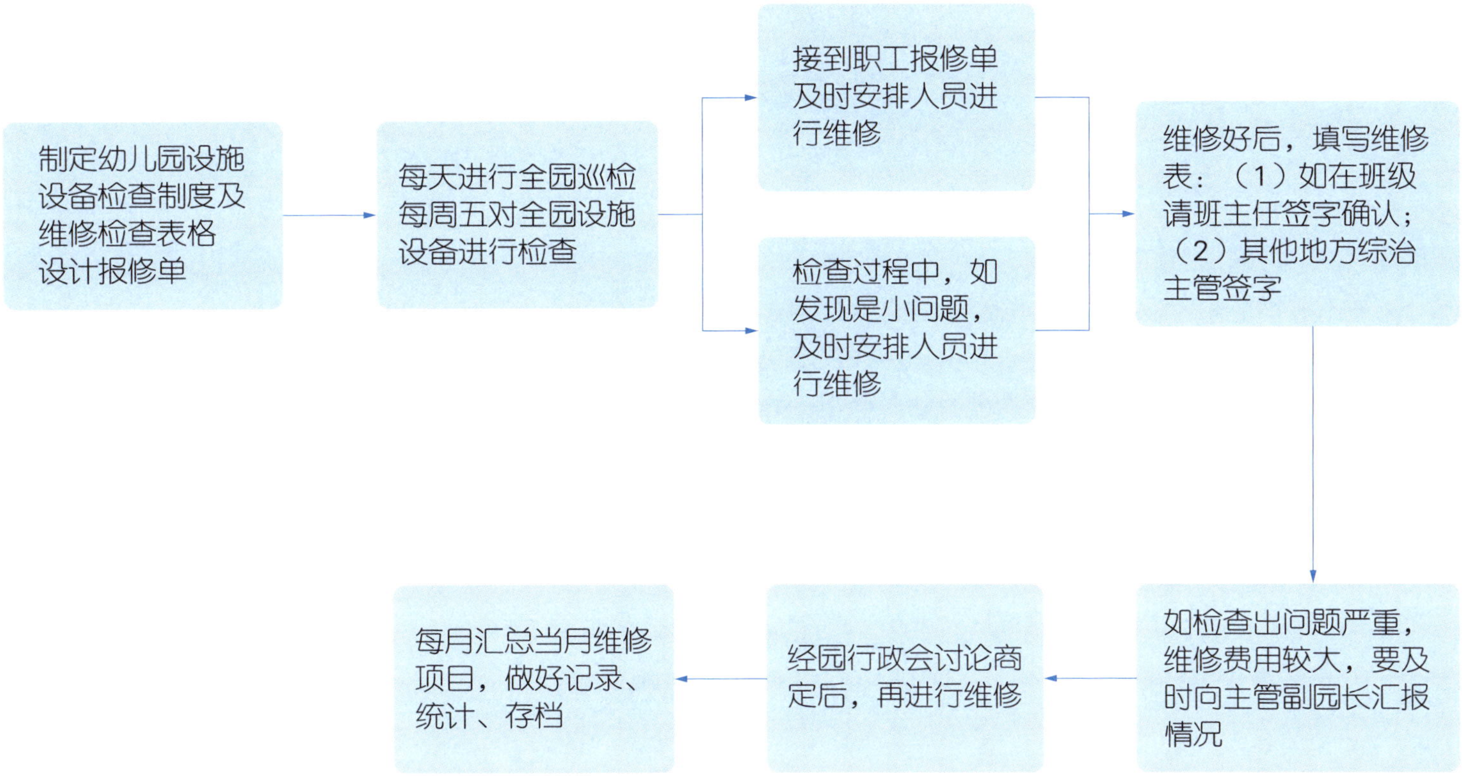

制定幼儿园设施设备检查制度及维修检查表格设计报修单

每天进行全园巡检每周五对全园设施设备进行检查

接到职工报修单及时安排人员进行维修

检查过程中，如发现是小问题，及时安排人员进行维修

维修好后，填写维修表：（1）如在班级请班主任签字确认；（2）其他地方综治主管签字

如检查出问题严重，维修费用较大，要及时向主管副园长汇报情况

经园行政会讨论商定后，再进行维修

每月汇总当月维修项目，做好记录、统计、存档

101

92. 班级物品报修流程

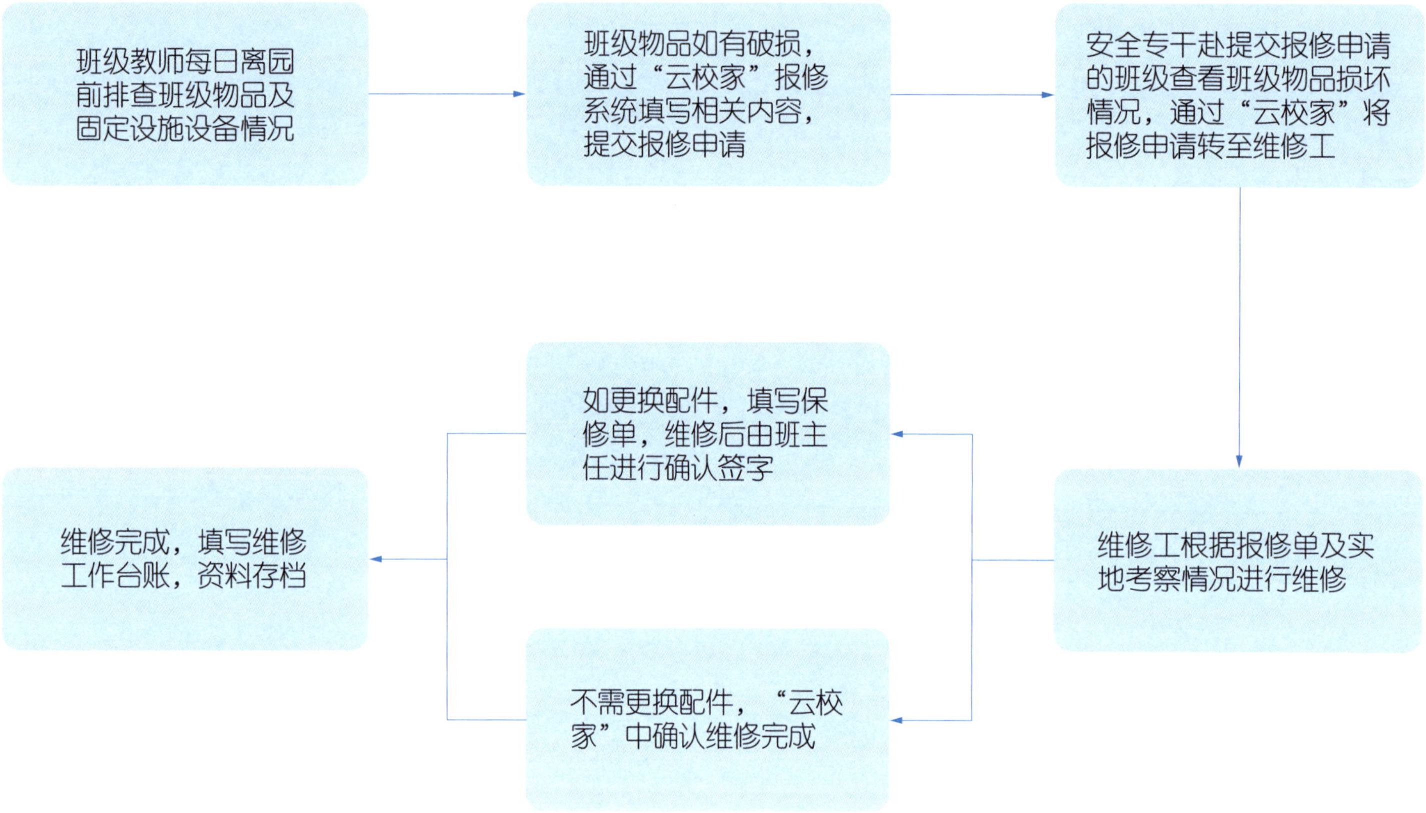

班级教师每日离园前排查班级物品及固定设施设备情况

班级物品如有破损，通过"云校家"报修系统填写相关内容，提交报修申请

安全专干赴提交报修申请的班级查看班级物品损坏情况，通过"云校家"将报修申请转至维修工

如更换配件，填写保修单，维修后由班主任进行确认签字

维修完成，填写维修工作台账，资料存档

维修工根据报修单及实地考察情况进行维修

不需更换配件，"云校家"中确认维修完成

93. 外出活动安全报批备案工作流程

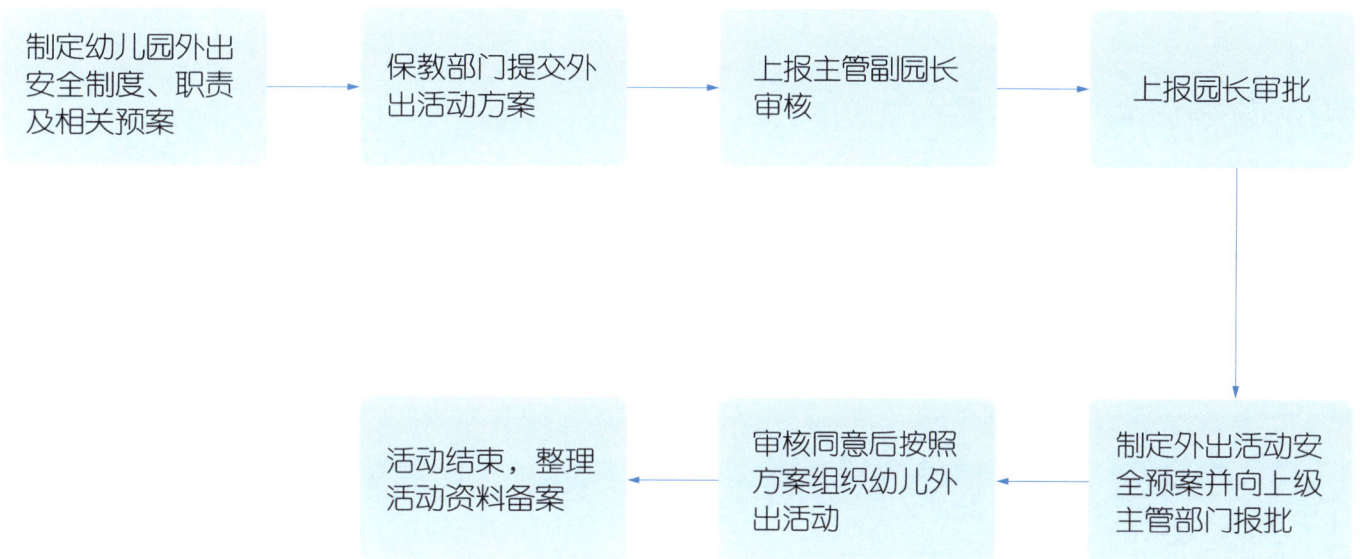

制定幼儿园外出安全制度、职责及相关预案 → 保教部门提交外出活动方案 → 上报主管副园长审核 → 上报园长审批

活动结束，整理活动资料备案 ← 审核同意后按照方案组织幼儿外出活动 ← 制定外出活动安全预案并向上级主管部门报批

94. 保安交接班工作流程

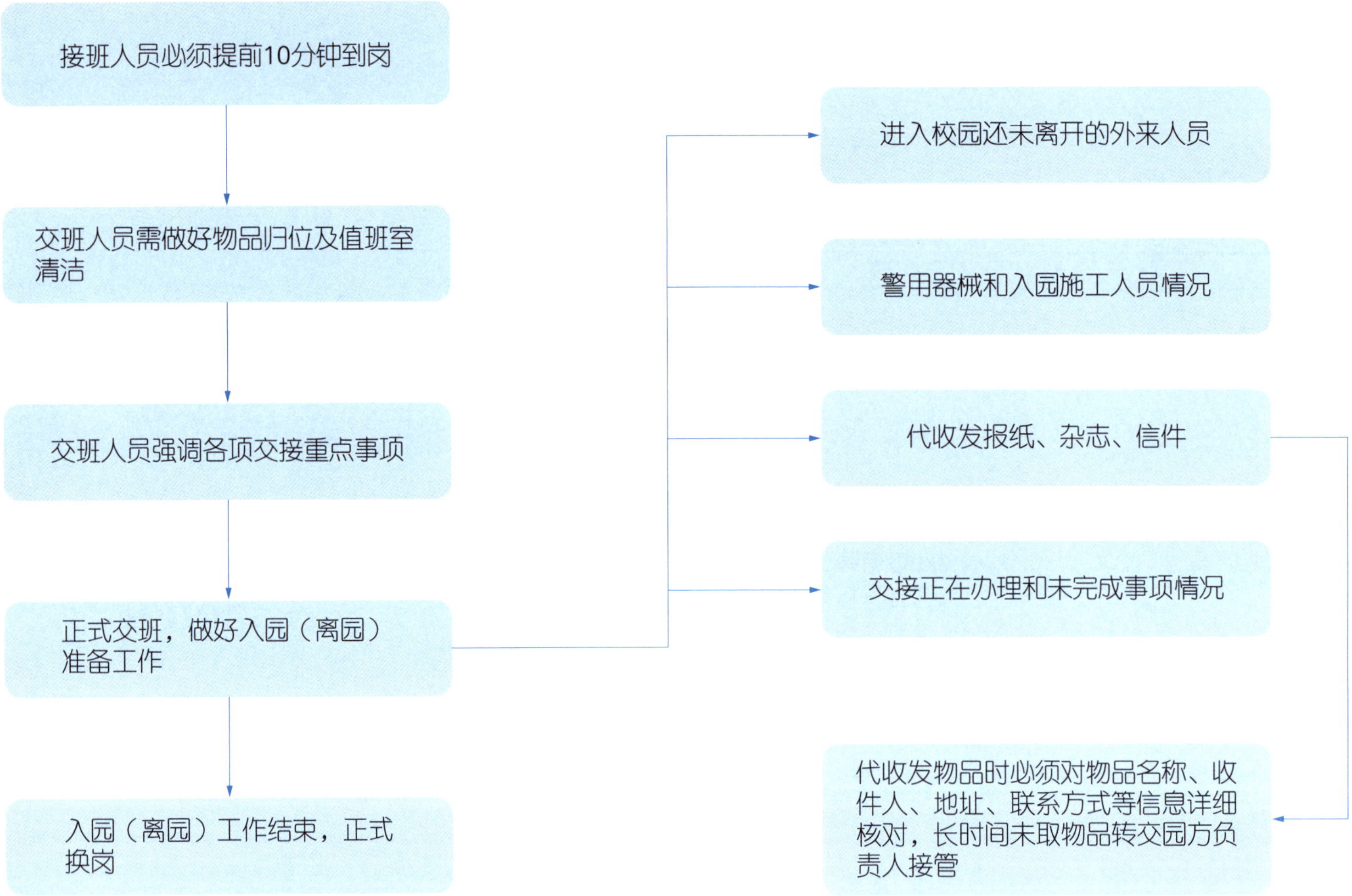

接班人员必须提前10分钟到岗

交班人员需做好物品归位及值班室清洁

交班人员强调各项交接重点事项

正式交班，做好入园（离园）准备工作

入园（离园）工作结束，正式换岗

进入校园还未离开的外来人员

警用器械和入园施工人员情况

代收发报纸、杂志、信件

交接正在办理和未完成事项情况

代收发物品时必须对物品名称、收件人、地址、联系方式等信息详细核对，长时间未取物品转交园方负责人接管

95. 保安接待来访人员工作流程

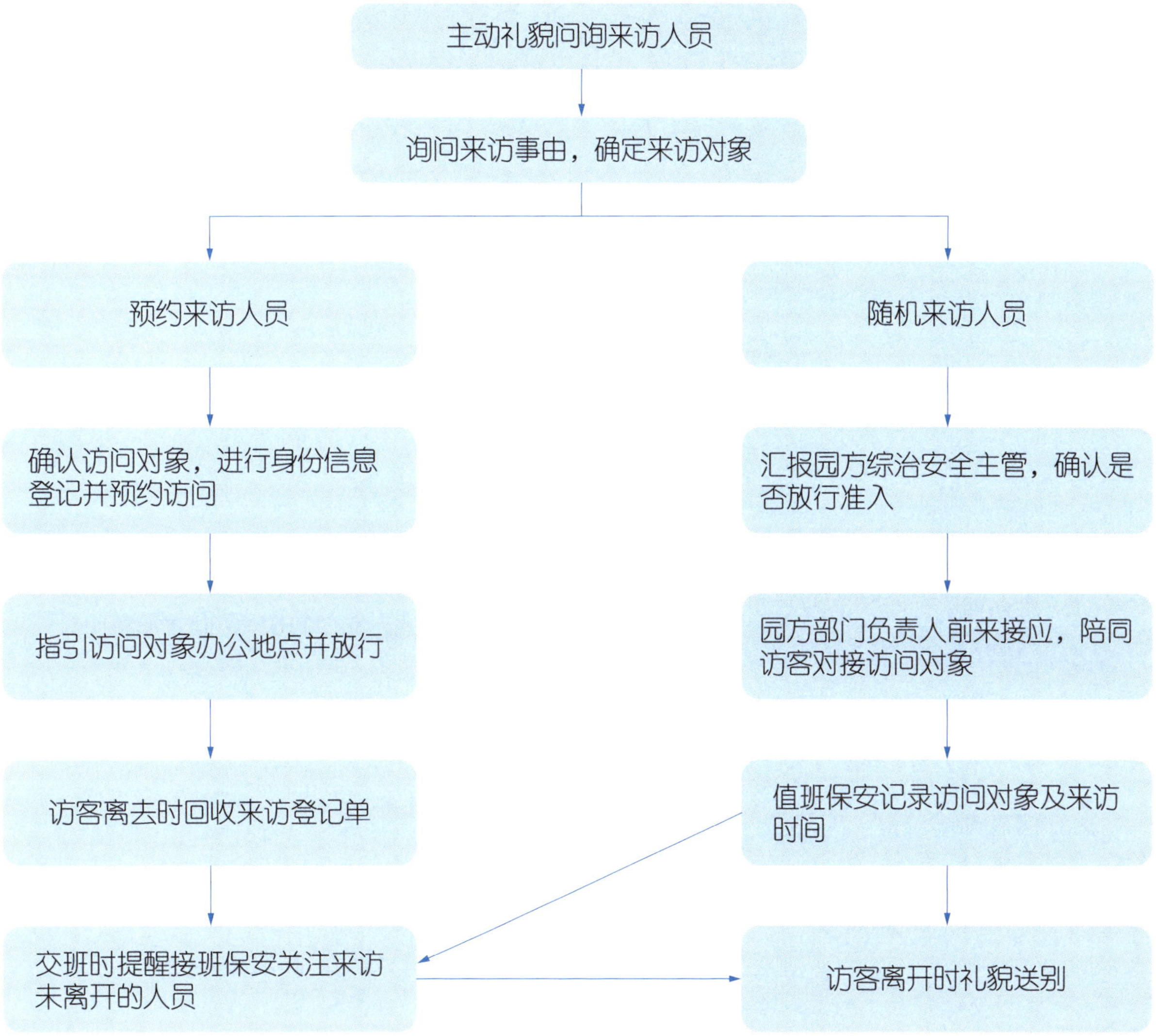

主动礼貌问询来访人员

↓

询问来访事由，确定来访对象

```
        ┌──────────────┴──────────────┐
        ↓                              ↓
```

预约来访人员

随机来访人员

↓

↓

确认访问对象，进行身份信息登记并预约访问

汇报园方综治安全主管，确认是否放行准入

↓

↓

指引访问对象办公地点并放行

园方部门负责人前来接应，陪同访客对接访问对象

↓

↓

访客离去时回收来访登记单

值班保安记录访问对象及来访时间

↓

↓

交班时提醒接班保安关注来访未离开的人员

访客离开时礼貌送别

96. 保安应对突发事件工作流程

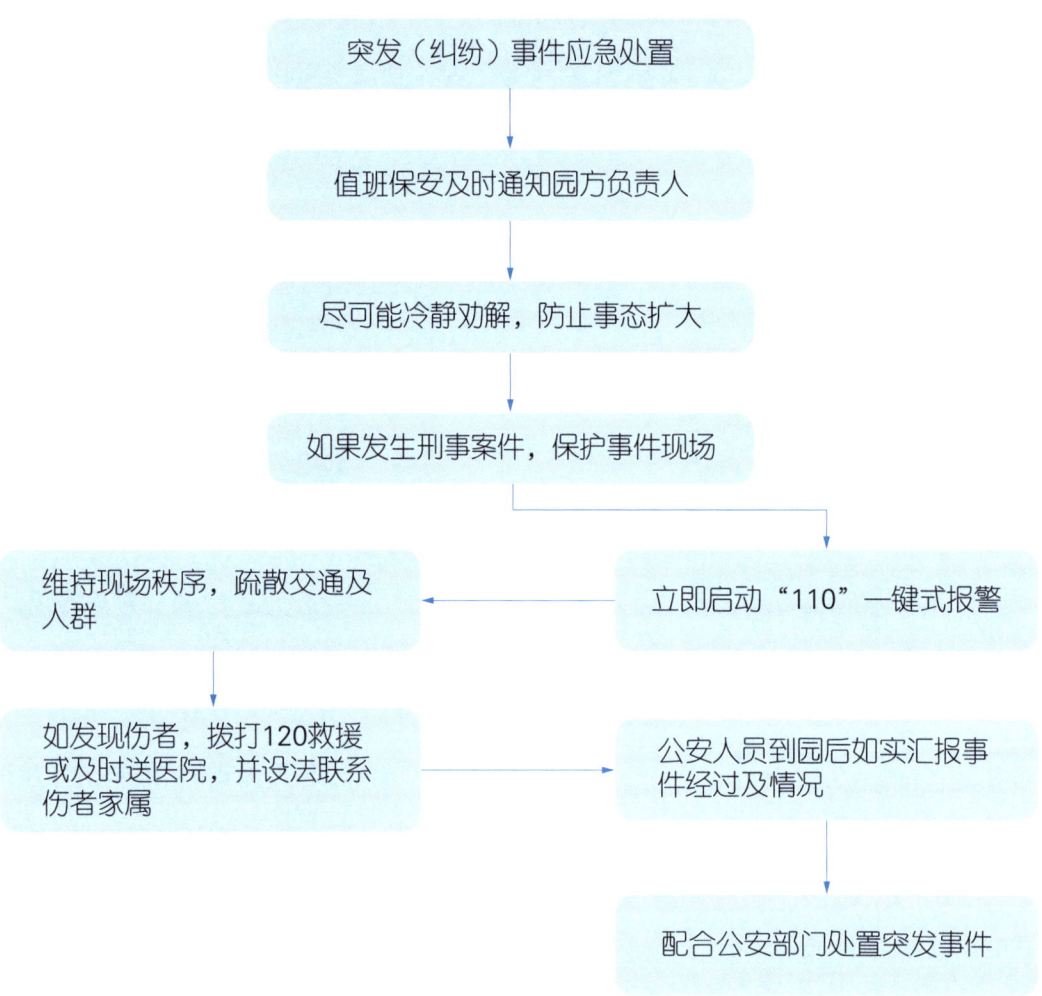

突发（纠纷）事件应急处置

↓

值班保安及时通知园方负责人

↓

尽可能冷静劝解，防止事态扩大

↓

如果发生刑事案件，保护事件现场

维持现场秩序，疏散交通及人群 ← 立即启动"110"一键式报警

↓

如发现伤者，拨打120救援或及时送医院，并设法联系伤者家属 → 公安人员到园后如实汇报事件经过及情况

↓

配合公安部门处置突发事件

模块七

幼儿园财务工作

流程

97. 政府公开招标采购流程

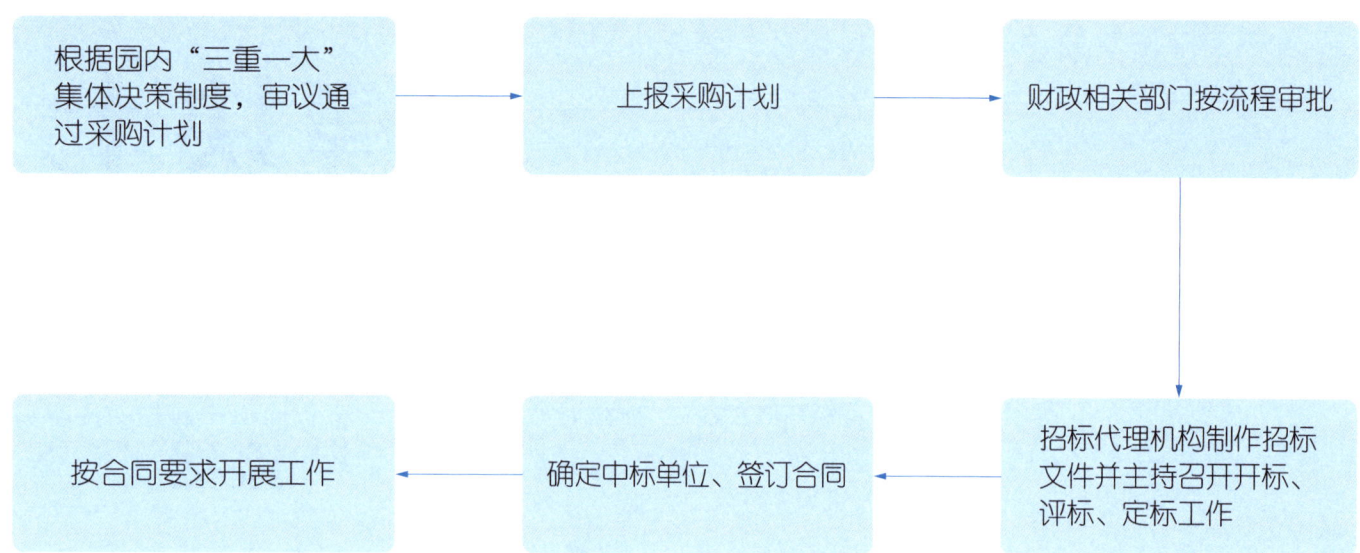

根据园内"三重一大"集体决策制度，审议通过采购计划 → 上报采购计划 → 财政相关部门按流程审批

招标代理机构制作招标文件并主持召开开标、评标、定标工作 → 确定中标单位、签订合同 → 按合同要求开展工作

98. 招标采购流程

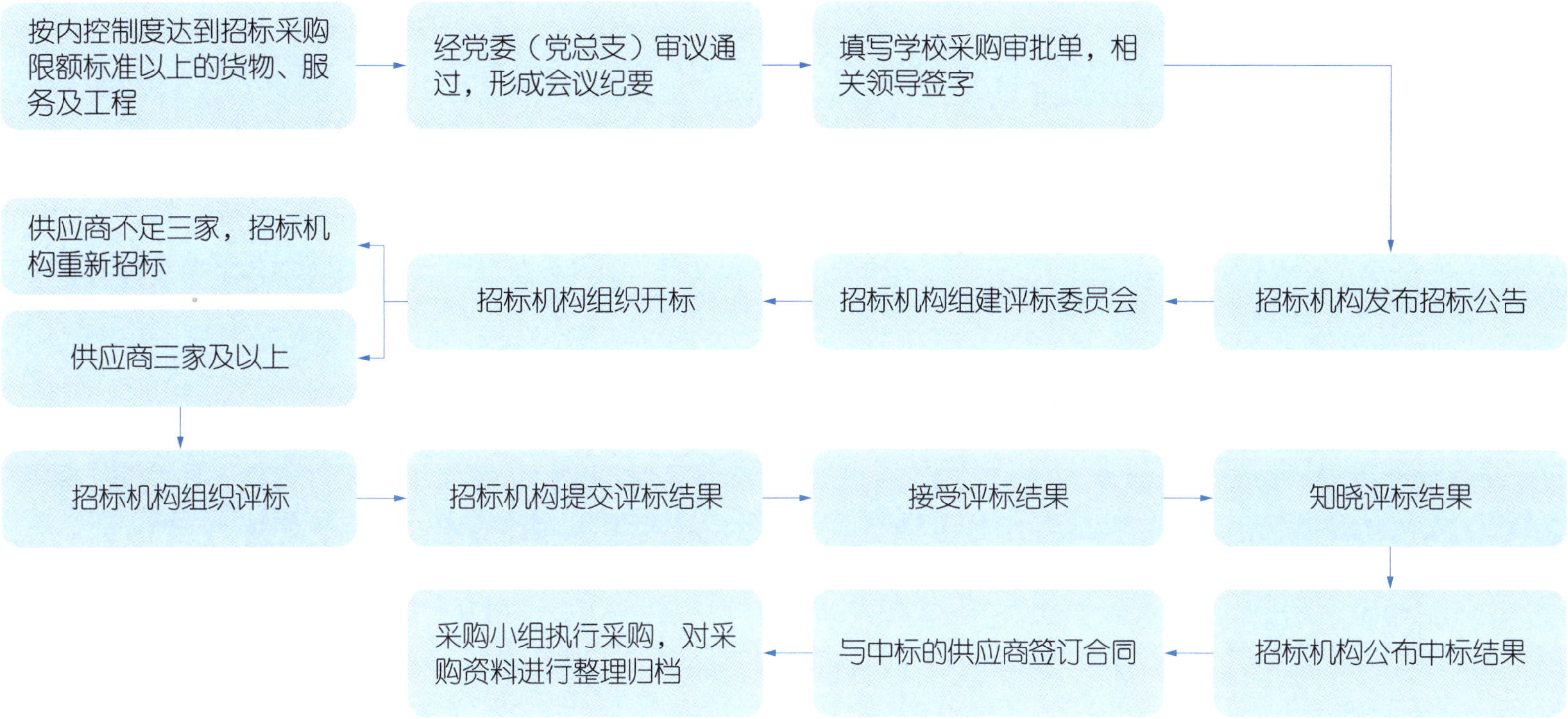

按内控制度达到招标采购限额标准以上的货物、服务及工程 → 经党委（党总支）审议通过，形成会议纪要 → 填写学校采购审批单，相关领导签字

供应商不足三家，招标机构重新招标

供应商三家及以上

招标机构组织开标 ← 招标机构组建评标委员会 ← 招标机构发布招标公告

招标机构组织评标 → 招标机构提交评标结果 → 接受评标结果 → 知晓评标结果

采购小组执行采购，对采购资料进行整理归档 ← 与中标的供应商签订合同 ← 招标机构公布中标结果

99. 采购流程

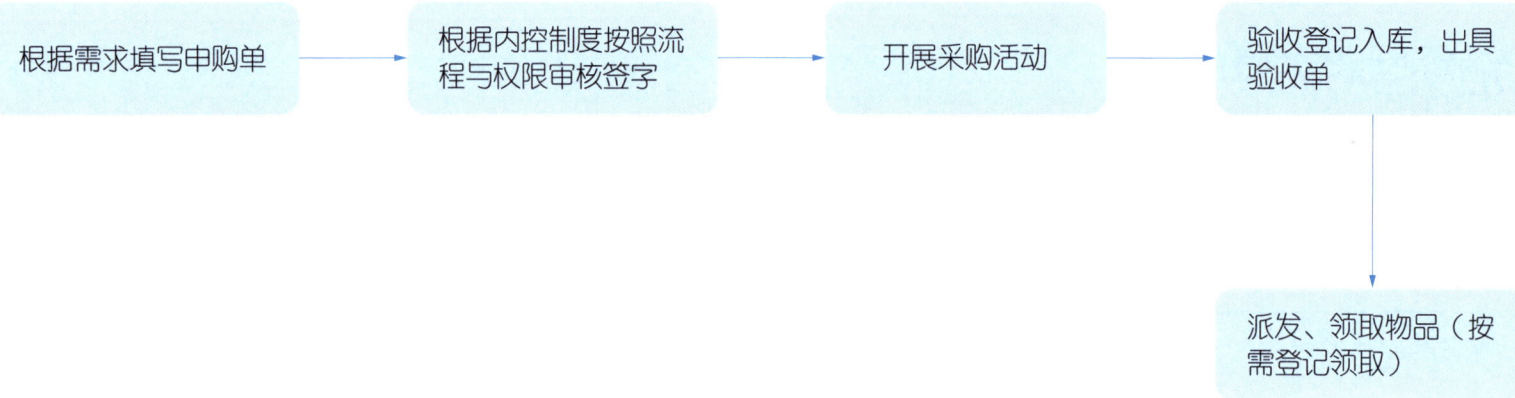

根据需求填写申购单 → 根据内控制度按照流程与权限审核签字 → 开展采购活动 → 验收登记入库，出具验收单 → 派发、领取物品（按需登记领取）

100. 财务报销流程
（一般购买流程）

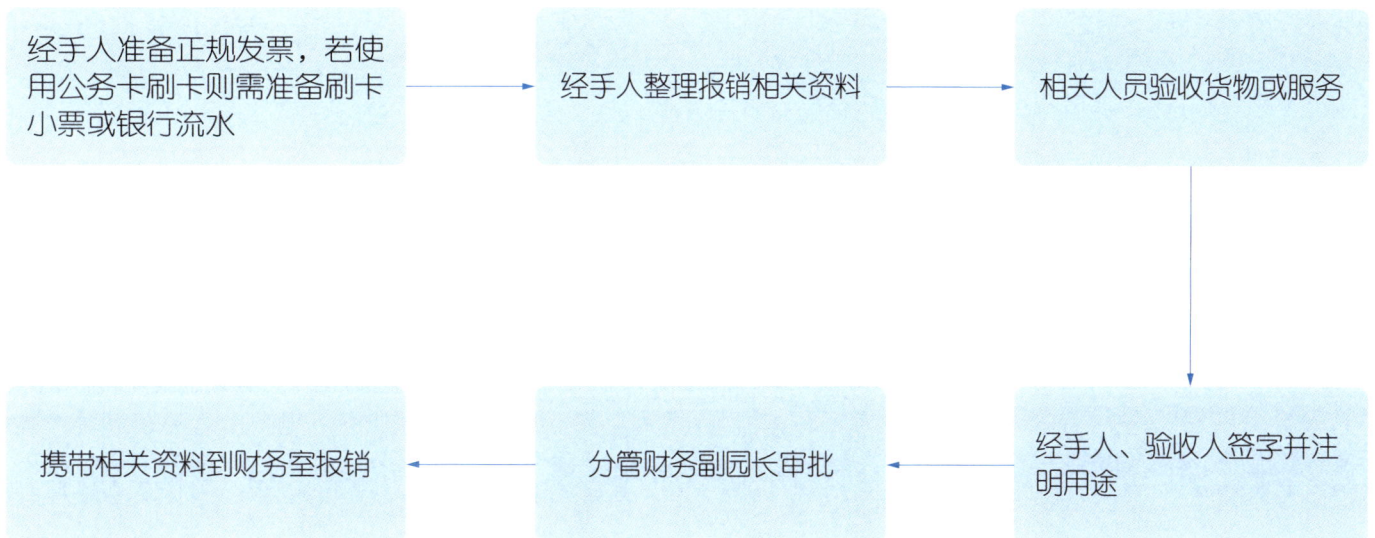

经手人准备正规发票，若使用公务卡刷卡则需准备刷卡小票或银行流水 → 经手人整理报销相关资料 → 相关人员验收货物或服务

携带相关资料到财务室报销 ← 分管财务副园长审批 ← 经手人、验收人签字并注明用途

101. 公务差费报销流程

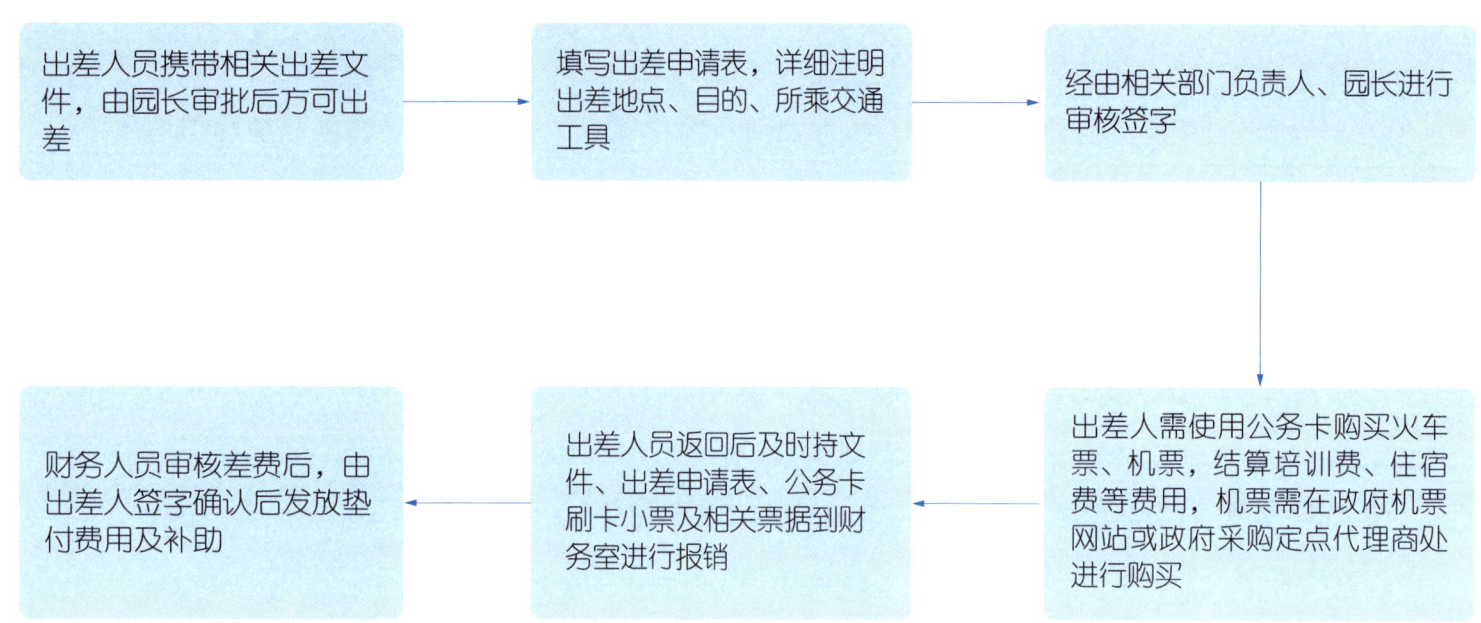

出差人员携带相关出差文件，由园长审批后方可出差

填写出差申请表，详细注明出差地点、目的、所乘交通工具

经由相关部门负责人、园长进行审核签字

出差人需使用公务卡购买火车票、机票，结算培训费、住宿费等费用，机票需在政府机票网站或政府采购定点代理商处进行购买

出差人员返回后及时持文件、出差申请表、公务卡刷卡小票及相关票据到财务室进行报销

财务人员审核差费后，由出差人签字确认后发放垫付费用及补助

102. 网络购物报销流程

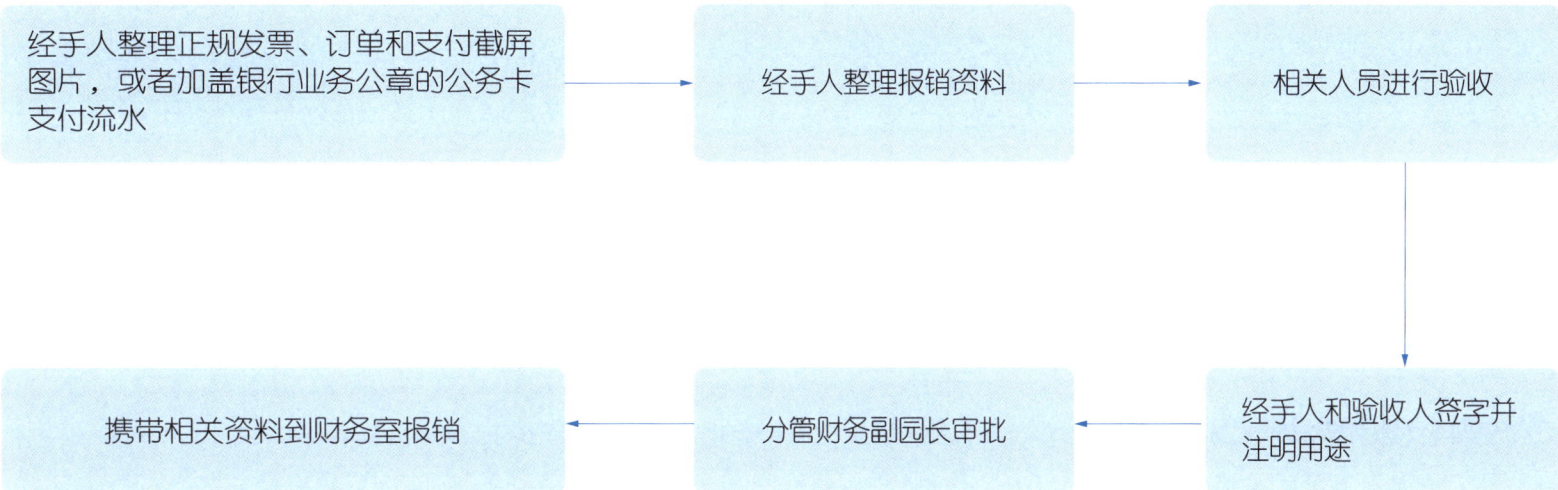

经手人整理正规发票、订单和支付截屏图片，或者加盖银行业务公章的公务卡支付流水 → 经手人整理报销资料 → 相关人员进行验收

携带相关资料到财务室报销 ← 分管财务副园长审批 ← 经手人和验收人签字并注明用途

103. 收费工作流程

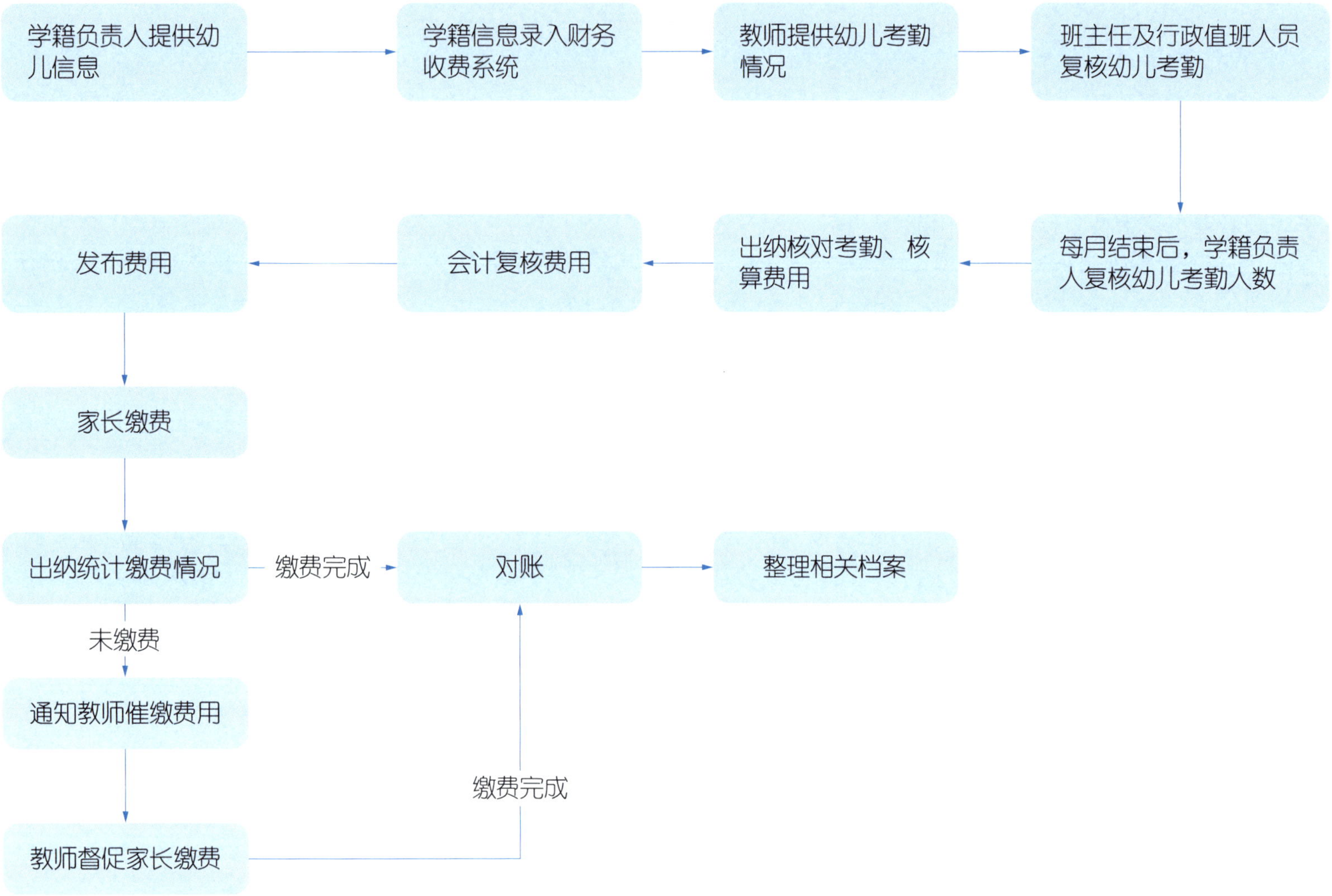

学籍负责人提供幼儿信息 → 学籍信息录入财务收费系统 → 教师提供幼儿考勤情况 → 班主任及行政值班人员复核幼儿考勤

发布费用 ← 会计复核费用 ← 出纳核对考勤、核算费用 ← 每月结束后，学籍负责人复核幼儿考勤人数

发布费用 → 家长缴费 → 出纳统计缴费情况

出纳统计缴费情况 —— 缴费完成 → 对账 → 整理相关档案

出纳统计缴费情况 —— 未缴费 → 通知教师催缴费用 → 教师督促家长缴费

教师督促家长缴费 —— 缴费完成 → 对账

114

104. 财务预决算流程

接收财政预决算通知

预算

决算

召开预算编制专题会，形成会议记录

对账，确保账实相符

各部门申报项目预算

编制决算

财务汇总编制预算方案

审核决算

党委（党总支）审议预算方案，形成会议纪要

上报决算

接受预算批复

接受决算批复

按时公开预算

按时公开决算

整理资料

105. 工资发放工作流程

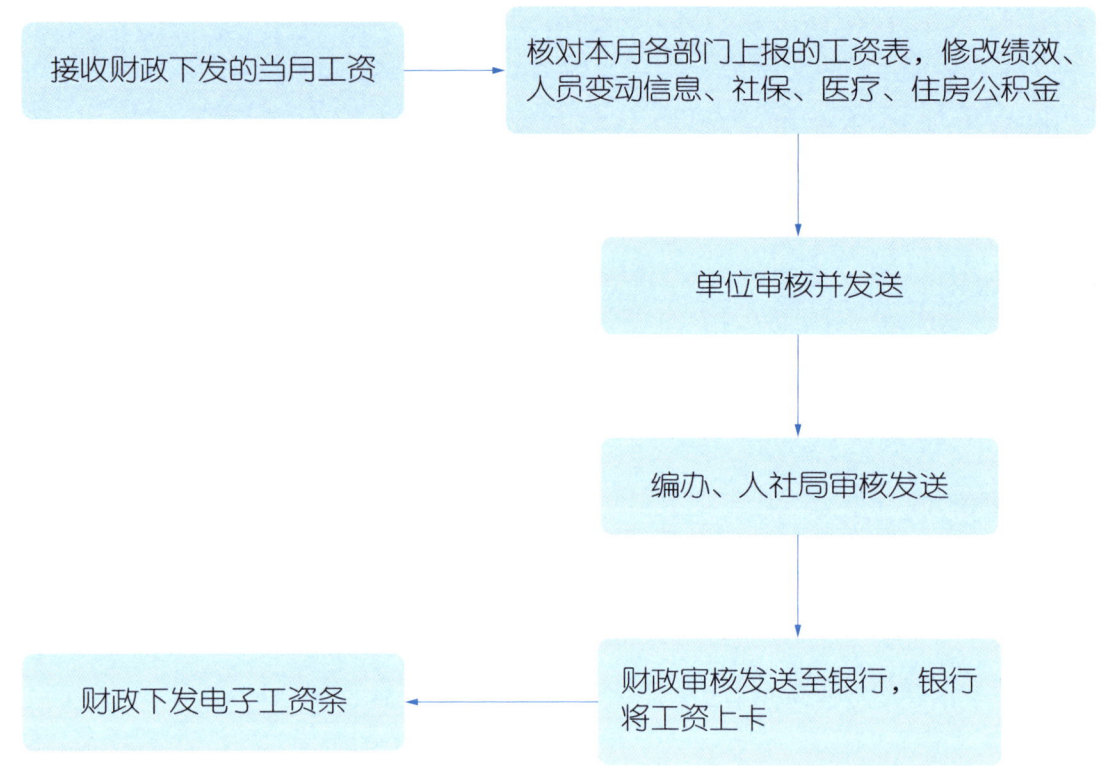

接收财政下发的当月工资 → 核对本月各部门上报的工资表，修改绩效、人员变动信息、社保、医疗、住房公积金

单位审核并发送

编办、人社局审核发送

财政下发电子工资条 ← 财政审核发送至银行，银行将工资上卡

106. 固定资产管理流程（一）

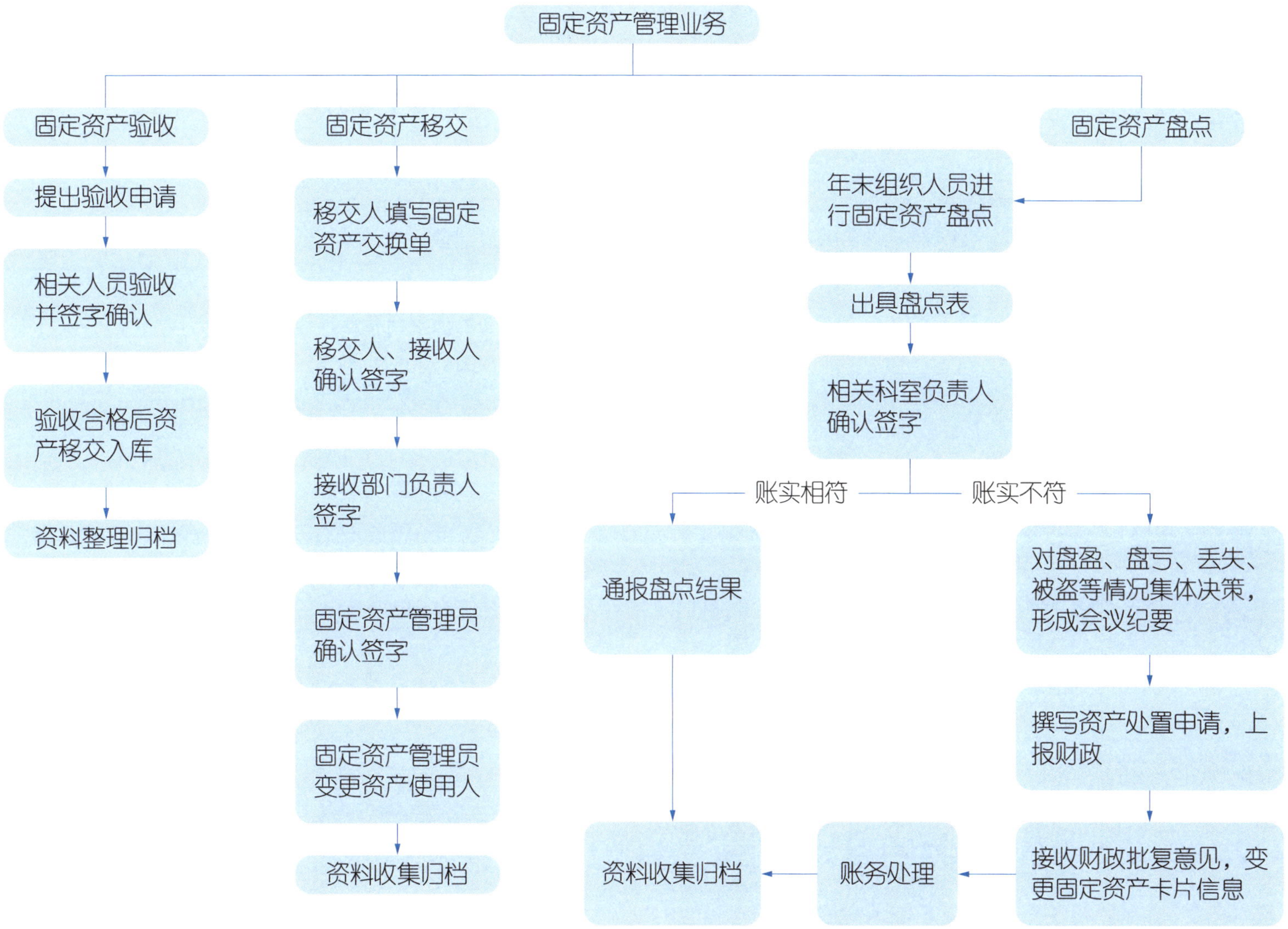

固定资产管理业务

固定资产验收

提出验收申请

相关人员验收并签字确认

验收合格后资产移交入库

资料整理归档

固定资产移交

移交人填写固定资产交换单

移交人、接收人确认签字

接收部门负责人签字

固定资产管理员确认签字

固定资产管理员变更资产使用人

资料收集归档

固定资产盘点

年末组织人员进行固定资产盘点

出具盘点表

相关科室负责人确认签字

账实相符 ——— 账实不符

通报盘点结果

对盘盈、盘亏、丢失、被盗等情况集体决策，形成会议纪要

撰写资产处置申请，上报财政

接收财政批复意见，变更固定资产卡片信息

资料收集归档 ← 账务处理 ← 接收财政批复意见，变更固定资产卡片信息

107．固定资产管理流程（二）

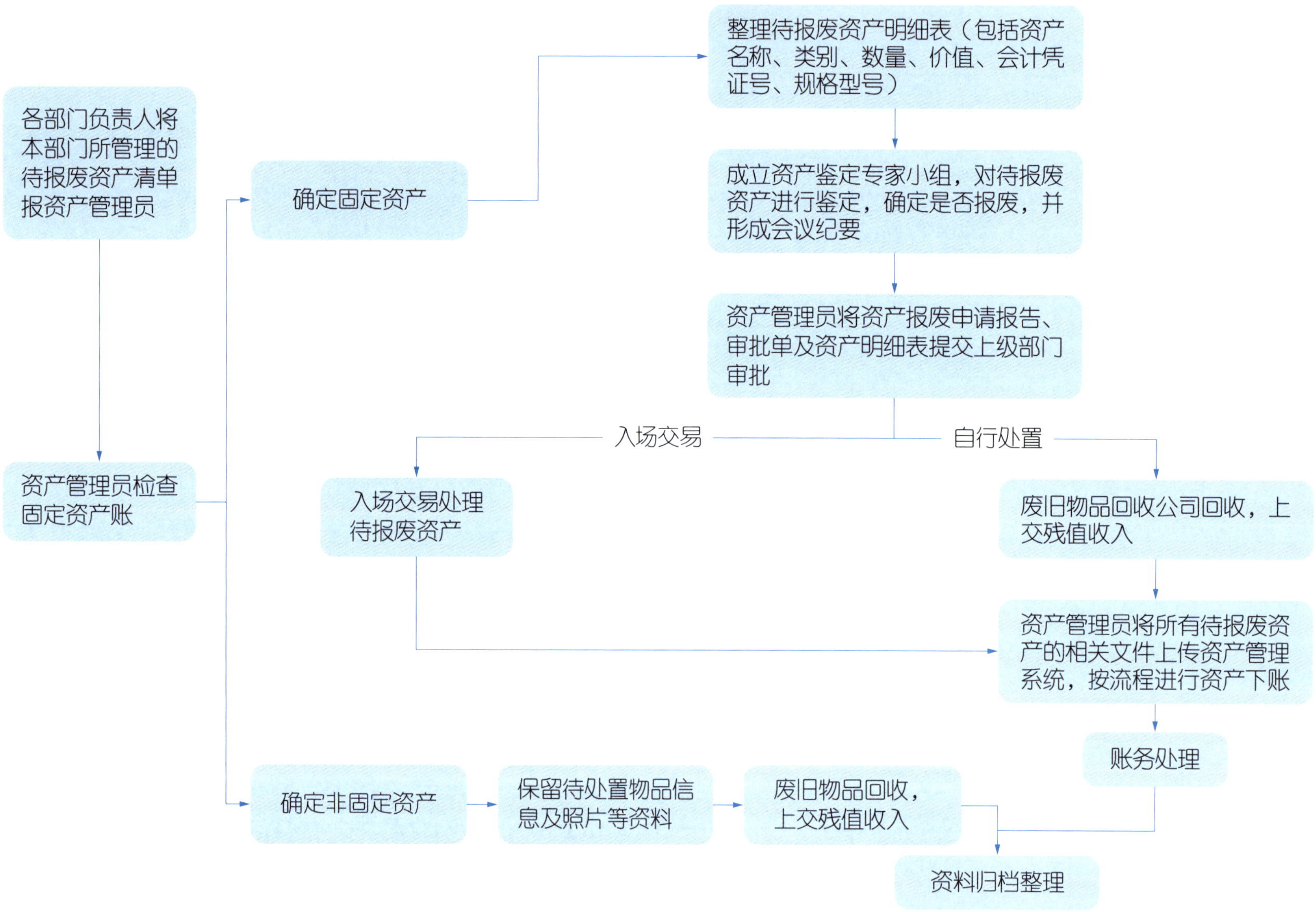

各部门负责人将本部门所管理的待报废资产清单报资产管理员

↓

资产管理员检查固定资产账

↓

确定固定资产 → 整理待报废资产明细表（包括资产名称、类别、数量、价值、会计凭证号、规格型号）

↓

成立资产鉴定专家小组，对待报废资产进行鉴定，确定是否报废，并形成会议纪要

↓

资产管理员将资产报废申请报告、审批单及资产明细表提交上级部门审批

入场交易 → 入场交易处理待报废资产

自行处置 → 废旧物品回收公司回收，上交残值收入

↓

资产管理员将所有待报废资产的相关文件上传资产管理系统，按流程进行资产下账

↓

账务处理

确定非固定资产 → 保留待处置物品信息及照片等资料 → 废旧物品回收，上交残值收入

↓

资料归档整理

模块八

幼儿园电教工作

流程

108. 教职工电子考勤工作流程

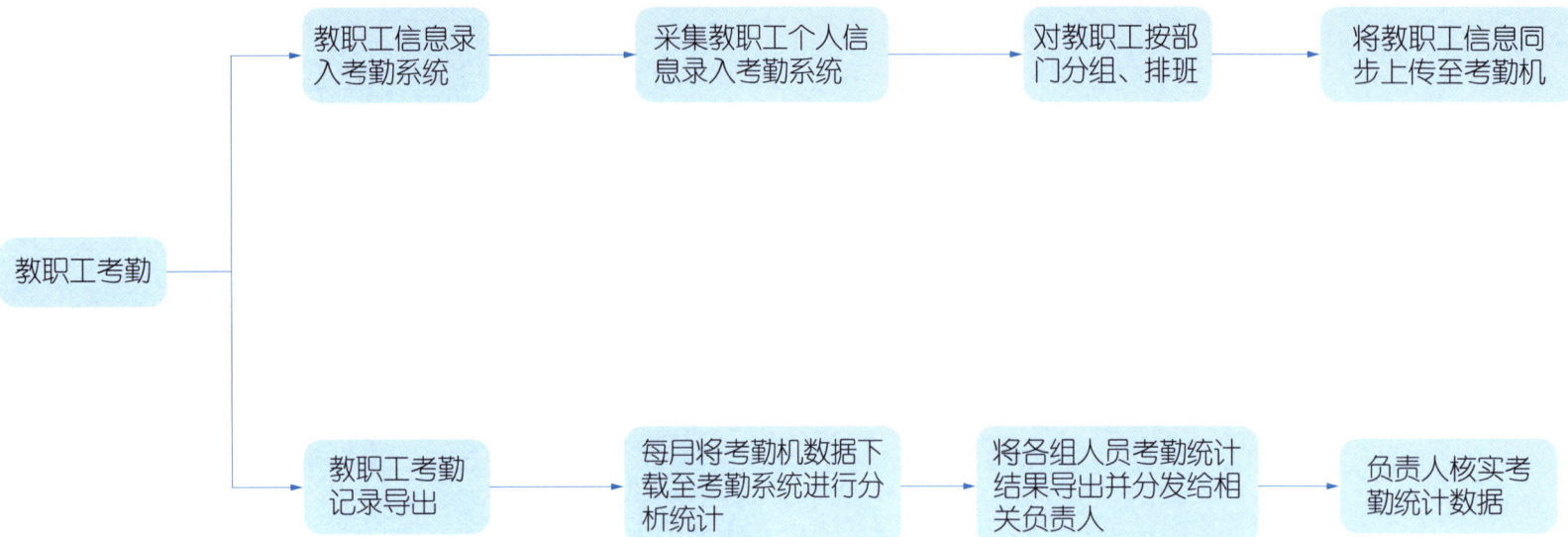

教职工考勤

教职工信息录入考勤系统 → 采集教职工个人信息录入考勤系统 → 对教职工按部门分组、排班 → 将教职工信息同步上传至考勤机

教职工考勤记录导出 → 每月将考勤机数据下载至考勤系统进行分析统计 → 将各组人员考勤统计结果导出并分发给相关负责人 → 负责人核实考勤统计数据

109. 学籍管理平台系统工作流程

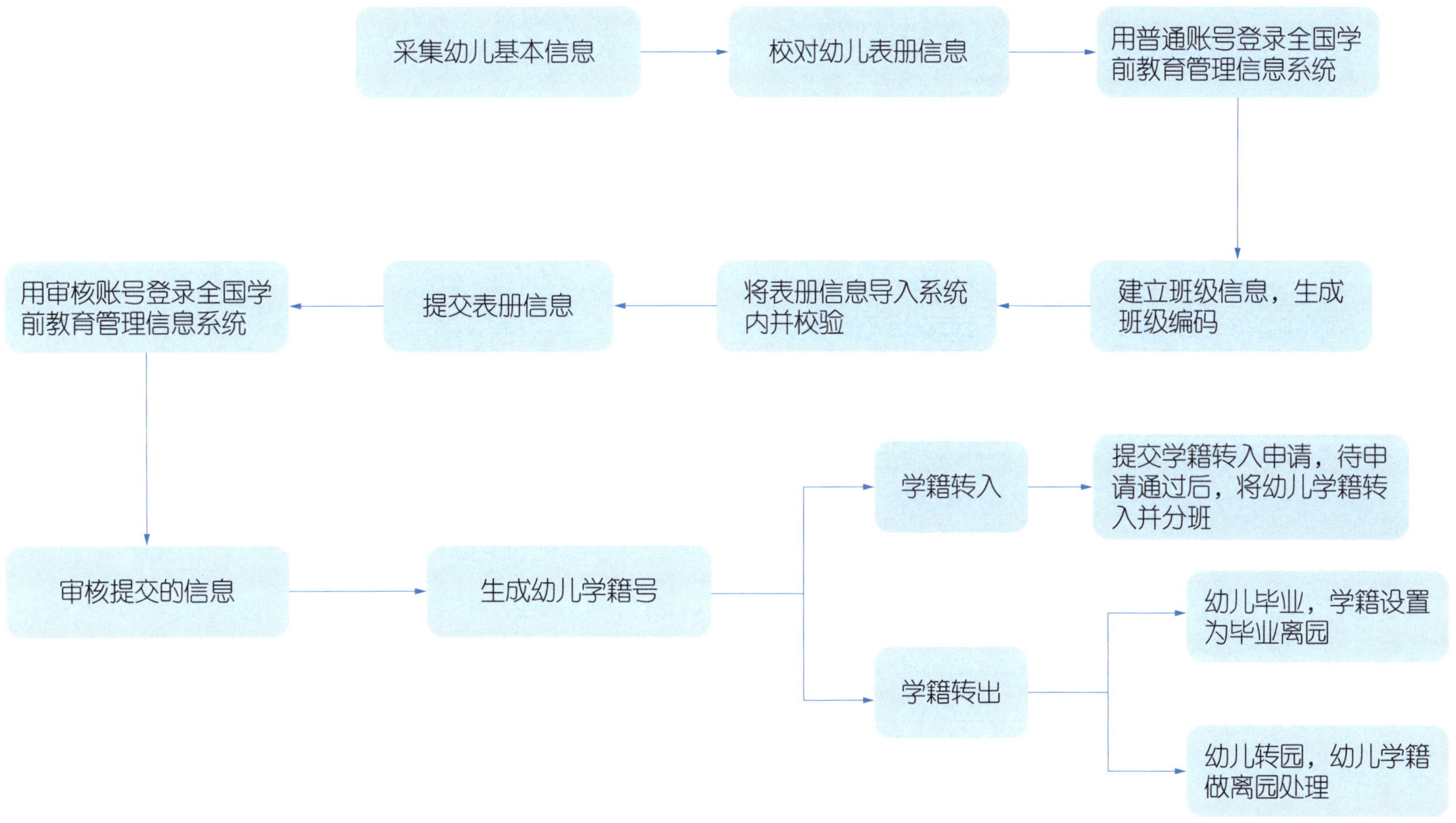

采集幼儿基本信息 → 校对幼儿表册信息 → 用普通账号登录全国学前教育管理信息系统

用审核账号登录全国学前教育管理信息系统 ← 提交表册信息 ← 将表册信息导入系统内并校验 ← 建立班级信息，生成班级编码

审核提交的信息 → 生成幼儿学籍号

学籍转入 → 提交学籍转入申请，待申请通过后，将幼儿学籍转入并分班

学籍转出 → 幼儿毕业，学籍设置为毕业离园

幼儿转园，幼儿学籍做离园处理

110. 微信平台工作流程

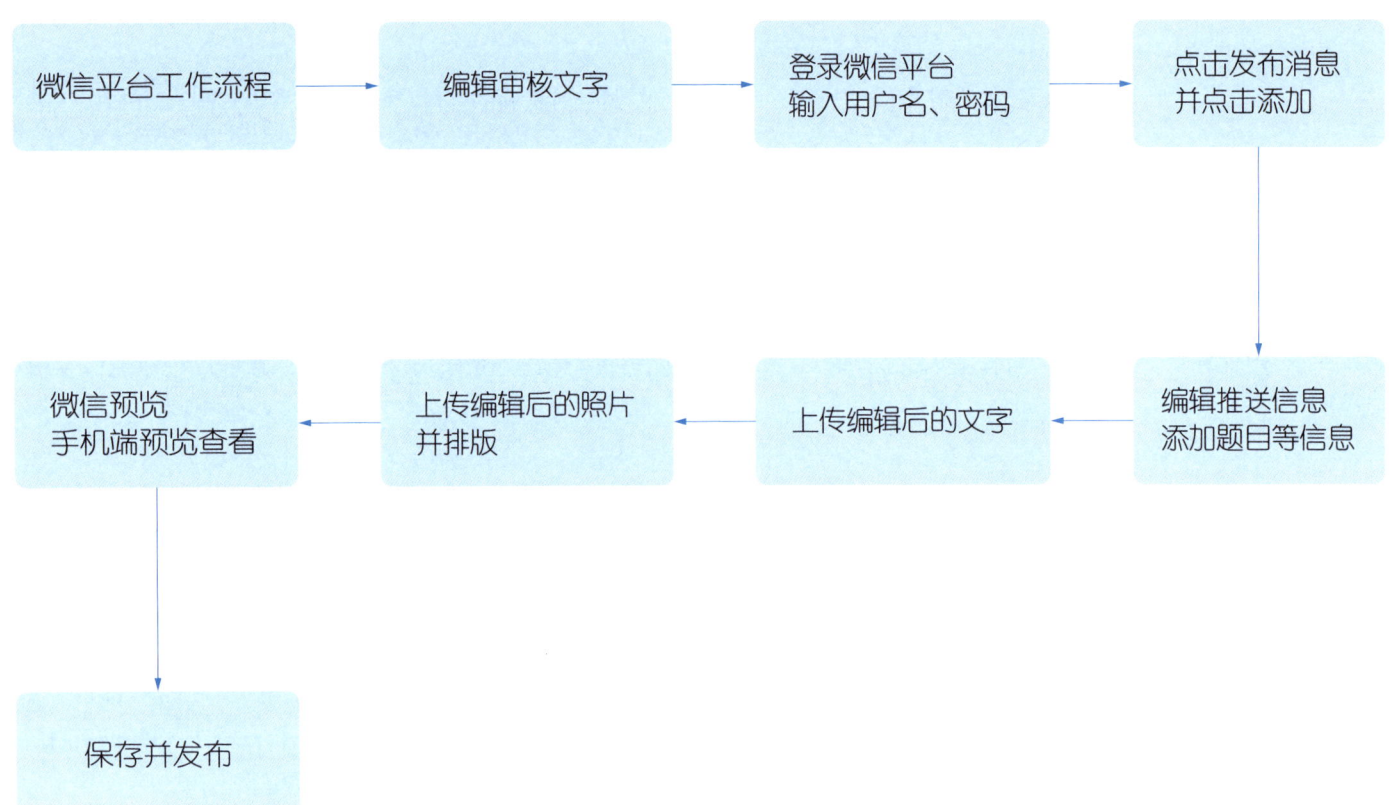

111. 幼儿园 LED 屏使用工作流程

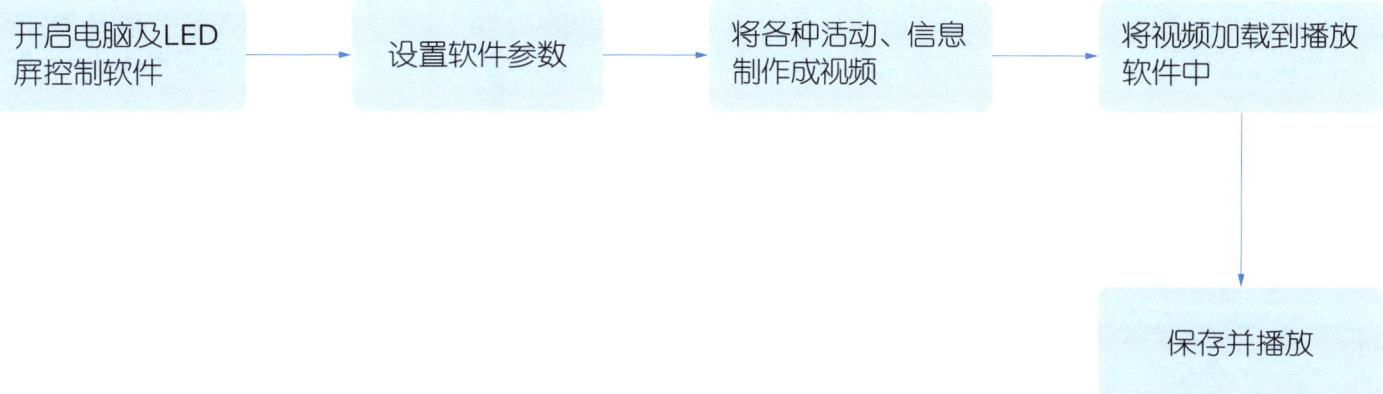

开启电脑及LED
屏控制软件　→　设置软件参数　→　将各种活动、信息
制作成视频　→　将视频加载到播放
软件中

保存并播放

112. 校园广播音乐播放设置流程

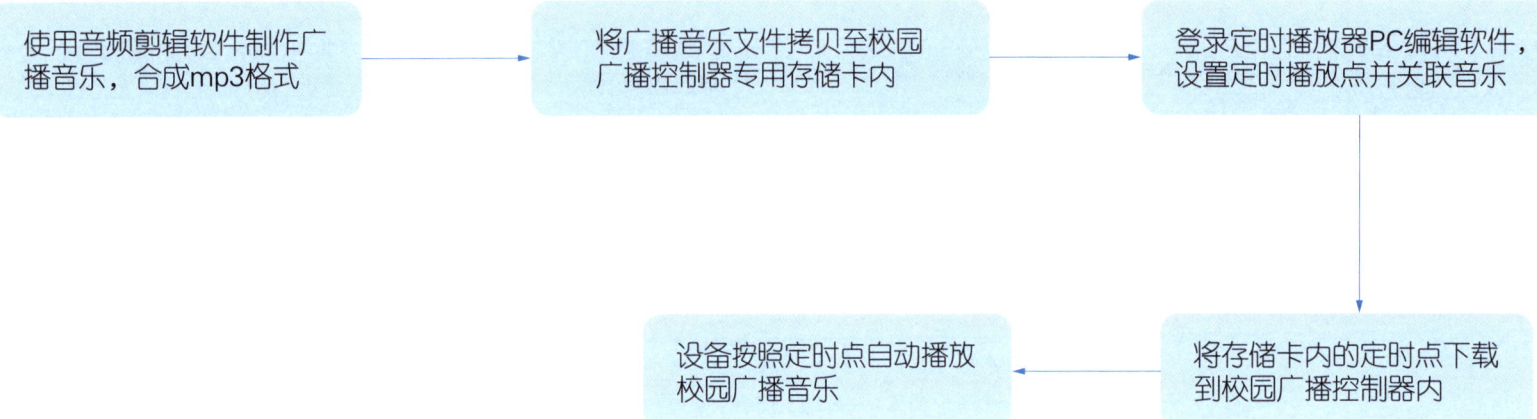

使用音频剪辑软件制作广播音乐，合成mp3格式 → 将广播音乐文件拷贝至校园广播控制器专用存储卡内 → 登录定时播放器PC编辑软件，设置定时播放点并关联音乐

设备按照定时点自动播放校园广播音乐 ← 将存储卡内的定时点下载到校园广播控制器内

113. 影像资料存档工作流程

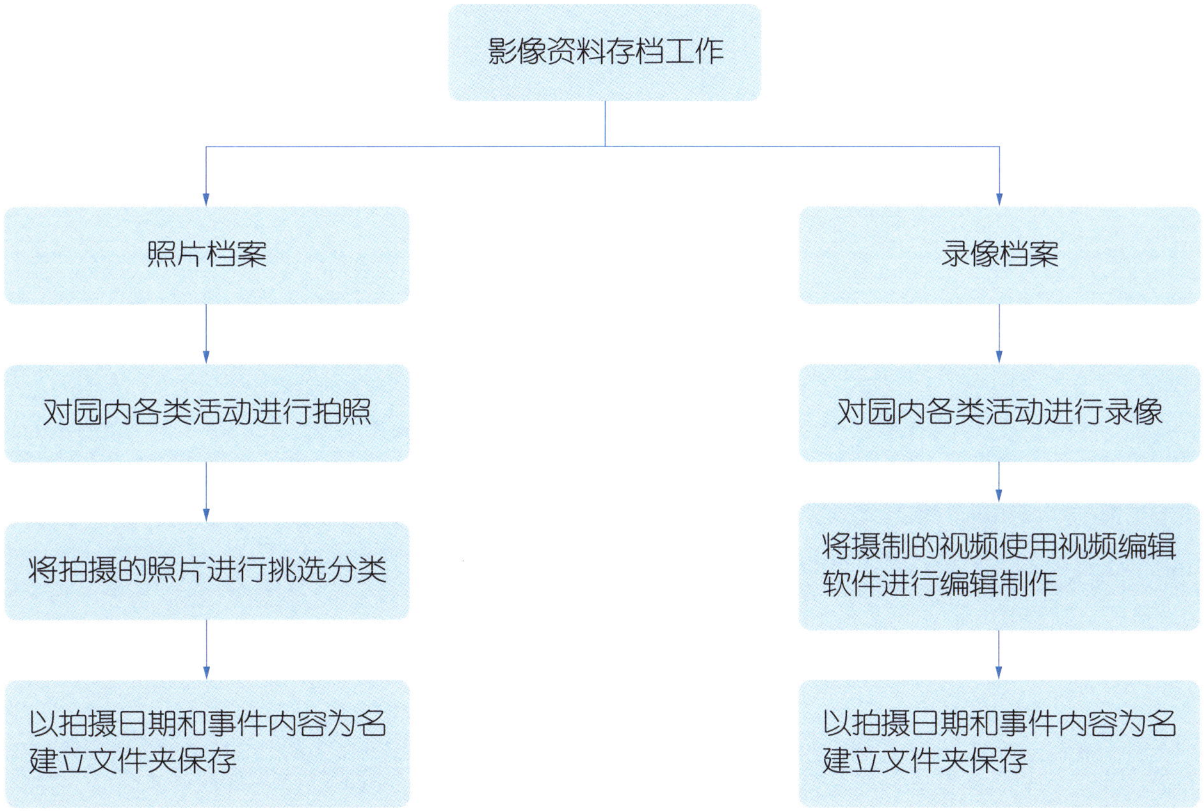

影像资料存档工作

照片档案

对园内各类活动进行拍照

将拍摄的照片进行挑选分类

以拍摄日期和事件内容为名
建立文件夹保存

录像档案

对园内各类活动进行录像

将摄制的视频使用视频编辑
软件进行编辑制作

以拍摄日期和事件内容为名
建立文件夹保存

114. 监控录像调阅流程

申请人到电教部门领取申请单 → 填写监控录像调阅申请单 → 签订保密协议 → 分管副园长审核签字 → 电教室凭申请单内容调阅监控录像

115. 电子设备维修流程

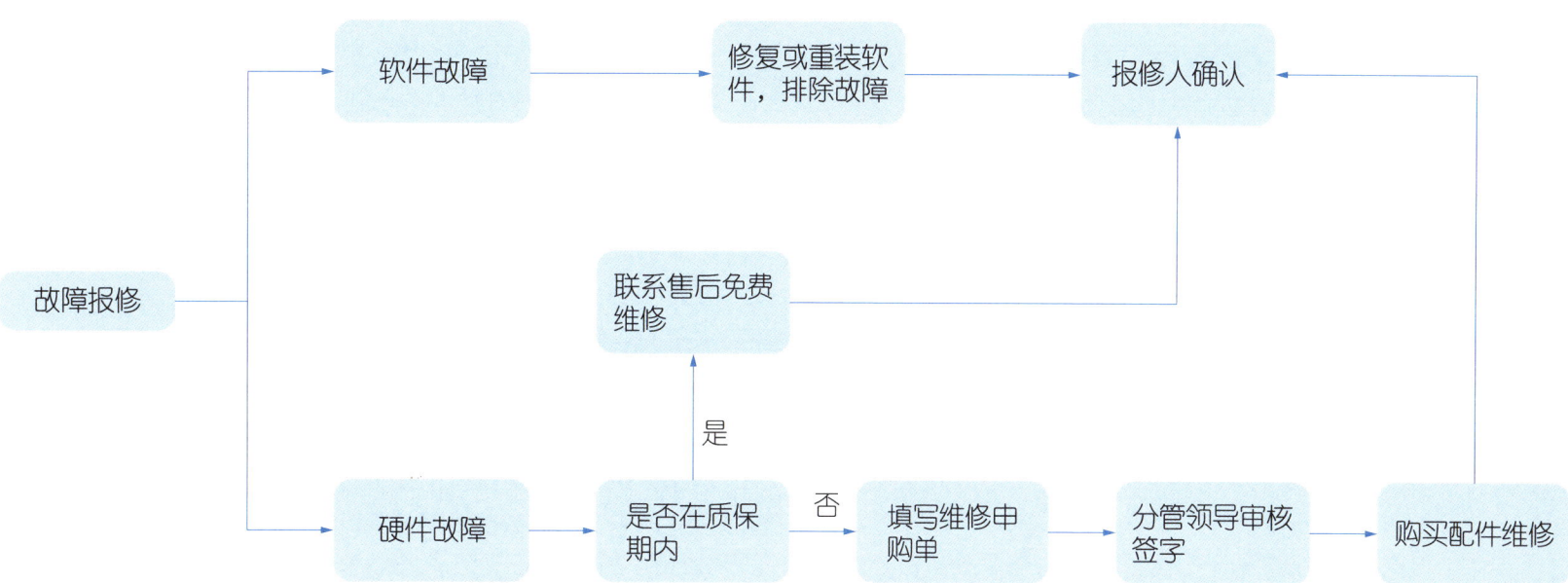

软件故障 → 修复或重装软件，排除故障 → 报修人确认

故障报修

联系售后免费维修 是

硬件故障 → 是否在质保期内 --否--> 填写维修申购单 → 分管领导审核签字 → 购买配件维修

附：幼儿园管理工作相关法律法规及规范性文件

1. 幼儿园管理条例（1990）
2. 幼儿园教育指导纲要（试行）（2001）
3. 中小学幼儿园安全管理办法（2006）
4. 国务院关于当前发展学前教育的若干意见（2010）
5. 托儿所幼儿园卫生保健管理办法（2010）
6. 关于实施第一期学前教育三年行动计划的意见（2011）
7. 关于加大财政投入支持学前教育发展的通知（2011）
8. 幼儿园教师专业标准（试行）（2012）
9. 3–6岁儿童学习与发展指南（2012）
10. 托儿所幼儿园卫生保健工作规范（2012）
11. 幼儿园教职工配备标准（2013）
12. 关于实施第二期学前教育三年行动计划的意见（2014）
13. 幼儿园园长专业标准（2015）
14. 幼儿园工作规程（2016）
15. 中小学（幼儿园）安全工作专项督导暂行办法（2016）
16. 关于实施第三期学前教育行动计划的意见（2017）
17. 幼儿园办园行为督导评估办法（2017）
18. 中共中央　国务院关于学前教育深化改革规范发展的若干意见（2018）
19. 新时代幼儿园教师职业行为十项准则（2018）
20. 中小学教师违反职业道德行为处理办法（2018）
21. 关于开展幼儿园"小学化"专项治理工作的通知（2018）
22. 关于加强和改进新时代师德师风建设的意见（2019）
23. 关于落实主体责任强化校园食品安全管理的指导意见（2019）
24. 学校食品安全与营养健康管理规定（2019）
25. 关于开展城镇小区配套幼儿园治理工作的通知（2019）
26. 县域学前教育普及普惠督导评估办法（2020）
27. 中华人民共和国教育法（2021修订版）
28. 中华人民共和国家庭教育促进法（2021）
29. "十四五"学前教育发展提升行动计划（2021）
30. 关于大力推进幼儿园与小学科学衔接的指导意见（2021）
31. 幼儿园保育教育质量评估指南（2022）

图书在版编目(CIP)数据

幼儿园工作流程图解/张欣主编. —2 版. —上海：复旦大学出版社，2022.11
ISBN 978-7-309-16287-5

Ⅰ.①幼… Ⅱ.①张… Ⅲ.①幼儿园-工作-流程图 Ⅳ.①G617-36

中国版本图书馆 CIP 数据核字(2022)第 117575 号

幼儿园工作流程图解(第二版)
张 欣 主编
责任编辑/查 莉

复旦大学出版社有限公司出版发行
上海市国权路 579 号 邮编：200433
网址：fupnet@ fudanpress.com http://www.fudanpress.com
门市零售：86-21-65102580 团体订购：86-21-65104505
出版部电话：86-21-65642845
上海丽佳制版印刷有限公司

开本 787×1092 1/16 印张 8.75 字数 255 千
2022 年 11 月第 2 版
2022 年 11 月第 2 版第 1 次印刷

ISBN 978-7-309-16287-5/G·2378
定价：38.00 元